A Execução do Contrato de Empreitada

A Execução do Contrato de Empreitada

CÓDIGO DOS CONTRATOS PÚBLICOS
(Parte III – Título II – Capítulo I)

José Manuel Oliveira Antunes

ALMEDINA

A EXECUÇÃO DO CONTRATO DE EMPREITADA

AUTOR

José Manuel Oliveira Antunes

EDITOR

EDIÇÕES ALMEDINA, S.A.

Avenida Emídio Navarro, 81, 3D

3000-151 Coimbra

Tel.: 239 851 904 · Fax: 239 851 901

www.almedina.net · editora@almedina.net

DESIGN DE CAPA

FBA.

PRÉ-IMPRESSÃO

EDIÇÕES ALMEDINA, S.A.

IMPRESSÃO E ACABAMENTO

Março, 2023

ISBN

978-989-40-1064-7

DEPÓSITO LEGAL

ALMEDINA | GRUPOALMEDINA

Introdução

Entre 2018 e 2022, realizámos várias dezenas de acções de formação sobre a execução do contrato de empreitada de obras públicas.

Tais acções tiveram lugar em entidades formativas, com destaque para o IGAP -Instituto de Gestão e Administração Pública, em empresas de construção, institutos públicos, associações de empresas da área da construção, bem como em instituições de ensino.

A oportunidade de realização de tais acções, tiveram como causa original, a sucessiva publicação de alterações legislativas ao Código dos Contratos Públicos (CCP) como sejam o Decreto-Lei 111-B/2017 de 31 de Agosto; a Lei 30/2021 de 21 de Maio e o Decreto-Lei 78/2022 de 7 de Novembro. Também foi, entretanto, publicado o Decreto-Lei 36/2022 de 20 de Maio sobre revisão extraordinária de preços, que nas suas disposições contém uma norma referente à execução do contrato.

Toda esta legislação, introduziu alterações significativas ao regime de execução do contrato de empreitada, ou seja, ao Capítulo I do Título II do CCP, no qual foram aditados ou alterados, quer pelo Decreto-Lei 111-B/2017, quer pela Lei 30/2021 ou pelo Decreto-Lei 78/2022, os seguintes artigos: 344.º; 348.º; 354.º; 361.º; 361-A; 370.º; 372.º; 373.º; 378.º; 380.º; 381.º; 384.º; 403.º e 405.º.

Durante as sessões formativas de actualização, resultaram evidentes quais as principais dúvidas e dificuldades de interpretação de quem opera na área dos contratos públicos, uma parte dos quais são juristas, mas outra, aliás a maioria, são engenheiros, arquitectos, gestores de contrato, directores de fiscalização e quadros superiores de autarquias ou institutos públicos.

O que se pretende com esta publicação, é transpor para um livro, o conteúdo dessas acções de formação, sob a forma de pergunta e resposta, aos aspectos do regime de execução do contrato que suscitaram dúvidas recorrentes.

As respostas aqui transpostas, têm uma intenção eminentemente prática sem objectivos académicos, tentado evitar – tanto quanto possível e sem prejuízo do rigor – o *jargão* jurídico, tornando o texto o mais acessível e útil, a quem se encontra a gerir no terreno o contrato de empreitada de obras públicas.

Alguns dos *itens* que o livro incluiu, são acompanhados de anotações, que são sobretudo sugestões de leitura complementar sobre cada questão. Privilegiou-se neste caso, a indicação de consulta para textos de doutrina sobre matérias especificas e de fácil acesso.

No que respeita a decisões jurisprudenciais dos tribunais administrativos, a maior parte daquilo a que se tem acesso, refere-se a contencioso pré-contratual, sendo muito escasso o que existe publicado sobre litígios na fase de execução do contrato da empreitada. O mesmo se aplica, de modo mais óbvio, à jurisprudência do Tribunal de Contas, dadas as competências deste Tribunal. Ao invés da jurisdição comum, existem muitas decisões proferidas por tribunais arbitrais, mas não se encontram disponíveis para consulta. Sem prejuízo disso, nas anotações encontram-se referidas algumas decisões das instâncias judiciais, nomeadamente no que diz respeito ao caderno de encargos e ao plano de trabalhos.

Para o trabalho aqui publicado, selecionamos 60 questões e respectivas respostas, por serem aquelas que maior necessidade de esclarecimento suscitaram, ao longo das dezenas de acções formativas.

Na elaboração das temáticas das acções formativas e inclusive na sua apresentação, colaboraram os Drs. Carlos Casado Neves e Nuno Oliveira Antunes.

Muitas das respostas às questões incluídas no livro, foram objecto de debate – nem sempre concordante – com o Prof. Miguel Catela e o Dr. Jorge Andrade Silva.

Espero que o conteúdo deste trabalho seja útil aos destinatários.

Lisboa, Fevereiro de 2023

SUMÁRIO

I

Caderno de Encargos e Projecto

1 – A empreitada de obra pública deve ser precedida da elaboração de um programa preliminar?

Sim, salvo nos casos de manifesta simplicidade, referidos no n.º 2 do artigo 42.º. O programa preliminar encontra-se definido no artigo 2.º da Portaria 701-H/ 2008 de 31 de Julho, que estabelece o respectivo conteúdo. *O Programa preliminar contém, além de elementos específicos constantes da legislação e regulamentação aplicável, os seguintes elementos, podendo alguns destes ser dispensados consoante a obra a projectar: a) Objectivos da obra; b) Características gerais da obra ; c) Dados sobre a localização do empreendimento; d) Elementos topográficos, cartográficos e geotécnicos, levantamento das construções existentes e das redes de infra-estruturas locais, coberto vegetal, características ambientais e outros eventualmente disponíveis, a escalas convenientes; e) Dados básicos relativos às exigências de comportamento, funcionamento, exploração e conservação da obra, tendo em atenção as disposições regulamentares; f) Estimativa de custo e respectivo limite dos desvios e, eventualmente, indicações relativas ao financiamento do empreendimento.*

O programa preliminar é um documento elaborado pelo dono da obra e fornecido por este à equipe de projecto, contendo os objectivos, características orgânicas e funcionais, condicionamentos financeiros da obra, nomeadamente o seu custo – quanto pode ou quer gastar – e em que prazo a pretende executar. O programa preliminar faz parte integrante do projecto de execução.

É com este documento essencial, que a equipe de projectistas passa a desenvolver o projecto, de acordo com a cadência de programa base; estudo prévio; anteprojecto e projecto de execução, podendo alguma destas fases ser dispensada, com excepção do projecto de execução, consoante as características da obra.

Com o projecto de execução, devem ser entregues pelo projectista, as condições para a assistência técnica durante a fase de execução.

O programa preliminar, também constitui o documento a fornecer pela entidade adjudicante aos concorrentes em procedimento de concepção construção previsto no n.º 2 do artigo 43.º do CCP.

Desde 2 de Dezembro de 2022, com a entrada em vigor do Decreto-Lei 78/2002 de 7 de Novembro, com o aditamento à Lei 30/2021 do artigo 2.º- A, no regime temporário de empreitadas de concepção- construção para todo o tipo de obras– se for esta a opção da entidade adjudicante- o documento a patentear no caderno de encargos, é o estudo prévio, portanto com um grau de pormenorização maior que o programa preliminar.

Com excepção das situações em que o programa preliminar se destina a servir de base a um procedimento de concepção – construção, onde o cuidado é maior, nos procedimentos correntes, acontece que em parte muito significativa dos casos, o programa preliminar não contém os elementos exigidos pela portaria 701-H/2008 ou não contém todos.

Tal omissão é de lamentar, pois os objectivos, condicionalismos e limites constantes do programa preliminar deveriam ser um factor que limitasse o recurso dos projectistas a soluções de obra mais onerosas que as que o adjudicante está disposto a despender, ou a incluir na obra valências não previstas. Como nem sempre se verifica a existência de um programa preliminar completo, as consequências em sede de despesa, prazo de execução e necessidade de trabalhos complementares podem ser relevantes.

Como atrás referido, o primeiro acto a praticar, uma vez tomada a decisão política ou de gestão, de realizar a obra e fixado o valor da despesa a incorrer, é a elaboração do programa preliminar.

Por exemplo, se o programa preliminar não prevê que determinado edifício de serviços públicos a construir, irá servir refeições aos próprios funcionários ou aos utentes, tal valência não vai ser prevista nos futuros desenvolvimentos das várias fases de projecto e não irá, portanto, constar do Mapa de Quantidades e da Lista de Preços Unitários.

Não se deveria depois, na fase de execução, invocar a necessidade de integrar essa valência, considerando-a um trabalho a mais ou o suprimento de um erro ou omissão. Nesta situação, ou noutra equivalente, não há imprevisibilidade, não existe *erro*, nem qualquer *omissão*. A entidade promotora, não quis possuir essa valência e teve o momento certo para o fazer, se o quisesse, no programa preliminar ou quanto muito, numa das fases posteriores de desenvolvimento do projecto.

Programa Base

O programa base, é um documento já elaborado pelo projectista que foi designado pelo dono da obra, para a execução do projecto.

Este documento tem como objectivo, proporcionar ao dono da obra a compreensão clara das soluções propostas pelo projectista, com base nas indicações expressas no programa preliminar. Se algo que não constava do programa preliminar, é agora pretendido pelo adjudicante, este deve ser o momento para pedir essa adição ou alteração.

Este programa base tem de conter, com um grau de concretização superior ao programa preliminar, o esquema e programação da obra, o seu dimensionamento, os condicionalismos relativos ao terreno, à sua ocupação, previsíveis necessidades de estudo geotécnico, obrigações ambientais, urbanísticas, térmicas, acústicas etc. Já possuiu as peças escritas e desenhadas e a estimativa geral do custo da obra.

Muito importante nesta fase, é a obrigatoriedade de ser prestada no programa base, a informação sobre a necessidade de obtenção de elementos topográficos, geológicos, geotécnicos, hidrológicos, climáticos, características da componente acústica do ambiente, redes de infra estruturas ou de qualquer outra natureza que interessem à elaboração do projecto, bem como a realização de estudos em modelos, ensaios, maquetes, trabalhos de investigação e quaisquer outras formalidades que podem ser exigidas, quer para a elaboração do projecto, quer para a execução da obra.

É, pois, neste momento e não ulteriormente, que o dono da obra deve decidir em definitivo, se pretende fazer a obra, se tem condições financeiras para tal, cumprindo todos os requisitos prévios de informação para o seu lançamento.

E aqui das duas uma: ou o projectista não informou o dono da obra, no âmbito do programa base quais as acções a empreender e então, se dessa omissão resultar custos acrescidos não previstos, a responsabilidade será do projectista, ou então o projectista informou o dono da obra de modo suficiente sobre essas necessidades e se o dono da obra não as empreendeu, a responsabilidade será do próprio dono da obra.

ANOTAÇÕES

1 – Lexionário DRE : No domínio da contratação pública, e nos termos do Código dos Contratos Públicos (CCP), o caderno de encargos é a peça do procedimento que contém as cláusulas do contrato a celebrar (cfr. o n.º 1 do artigo 42.º do CCP), cláusulas essas, de natureza «jurídica» ou «técnica», que podem dizer respeito a aspetos da execução do contrato submetidos à concorrência (e, por isso, submetidos a avaliação) e a aspetos da execução do contrato não submetidos à concorrência (e, por isso, não submetidos a avaliação). Quanto aos primeiros, a entidade adjudicante pode – e, nalguns casos, deve – estabelecer os parâmetros base a que as propostas estão vinculadas, isto é, os limites mínimos ou máximos que os concorrentes devem necessariamente observar (cfr. os n.os 3 e 4 do artigo 42.º do CCP). Quanto aos segundos, a entidade adjudicante pode também fixar valores mínimos ou máximos em relação aos quais pretenda que os concorrentes se vinculem na apresentação das suas propostas (cfr. o n.º 5 do artigo 42.º do CCP). Qualquer um dos tipos de procedimentos pré-contratuais previstos no CCP exige a elaboração de um caderno de encargos, que deve ser aprovado pelo órgão competente para a decisão de contratar (cfr. os n.os 1 e 2 do artigo 40.º do CCP). Em casos de manifesta simplicidade, as cláusulas do caderno de encargos podem limitar-se a uma mera fixação de especificações técnicas e numa referência a outros aspetos da execução dos contratos, tais como o preço ou o prazo (cfr. o n.º 2 do artigo 42.º do CCP). Não obstante a obrigação de os concorrentes instruírem a sua proposta com uma declaração na qual se comprometem a executar o contrato nos termos descritos no caderno de encargos (cfr. a alínea a) do n.º 1 do artigo 57.º e o Anexo I do CCP), a desconformidade entre o conteúdo das propostas e o exigido pelo caderno de encargos é causa de exclusão daquelas (cfr. a alínea b) do n.º 2 do artigo 70.º do CCP). Para além desta relevância procedimental, o caderno de encargos releva também no momento da celebração do contrato e a respeito do seu conteúdo, estipulando mesmo a lei que ele é um dos elementos que integram o contrato, prevalecendo sobre eventuais cláusulas deste que o contrariem (cfr. a alínea c) do n.º 2 e n.º 6 do artigo 96.º do CCP), admitindo ainda que o próprio contrato incorpore uma reprodução do caderno de encargos (cfr. o n.º 3 do artigo 96.º do CCP)

2 – Quais as consequências das insuficiências do caderno de encargos?

Os valores contratuais das empreitadas de obras públicas, são frequentemente aumentados em função da realização de trabalhos inicialmente não previstos e cuja execução é sucessivamente aprovada pelos donos da obra, com origem em causas diversas.

Genericamente, designa-se estes trabalhos como *trabalhos a mais ou complementares*, mas na realidade, resultam quase sempre de erros e omissões dos projectos, de dados de campo errados e de estudos geotécnicos e geológicos deficientes, quando não ausentes.

Mas também sucede resultarem de alterações desnecessárias nos projectos de arquitectura, por razões funcionais ou até estéticas, por soluções alternativas propostas pelo executante e aceites pelo dono da obra. Nestes últimos casos, dificilmente enquadravam o conceito de *trabalho a mais*, que a lei e a jurisprudência consagraram durante muitos anos, embora a Lei 30/2021 e o Decreto-Lei 78/2022, facilitem agora a possibilidade de ordenar trabalhos complementares ao cocontratante.

Nos termos legais até 2021, os trabalhos a mais apenas poderiam ser aqueles que surgissem da verificação duma situação imprevista, ocorrida durante a execução da obra, cuja verificação – imprevisível por um dono da obra diligente e atento – não pudesse ser prevista em momento anterior ao patenteamento do projecto de execução e que de facto, não o foi.

A consideração da previsibilidade ou imprevisibilidade dos trabalhos a mais, sempre suscitou grandes divergências doutrinais e jurisprudenciais, e foi tudo menos uma questão assente.

Na realidade, existiu na doutrina, uma tese defendendo que os trabalhos a mais, são só aqueles que decorrem de circunstâncias imprevistas e imprevisíveis e que, se resultando de **circunstâncias previsíveis, não podem ser executados** no âmbito do mesmo procedimento e outra tese, que defende que são trabalhos a mais os que decorrem de circunstâncias imprevistas, que **apesar de previsíveis, não o foram.**

Em qualquer caso, o que sempre se pretendeu foi prevenir a ocorrência de situações violadoras das normas concorrenciais, talvez nem sempre do melhor modo.

De facto, se os trabalhos que são ordenados já com a obra em execução, como *trabalhos a mais ou complementares*, estivessem previstos no

Mapa de Quantidades do concurso, toda a concorrência poderia ter indicado preços para esses trabalhos. Não tendo isso ocorrido, porque esses trabalhos não constavam das peças do projecto, apenas surgindo durante a execução da obra, será apenas o adjudicatário a oferecer preços. Claro que o dono da obra não está obrigado a aceitar esse preço, mas a verdade é que a oportunidade de o submeter à concorrência, já se perdeu na fase pré-contratual.

A Lei 30/2021 de 20 de Maio e o posterior Decreto-Lei 78/ 2022 de 7 de Novembro, vieram aligeirar muitíssimo a possibilidade de ordenar a execução de trabalhos complementares em regime não concorrencial, como melhor se verá quando analisarmos esses aspectos de execução do contrato.

ANOTAÇÕES

1 – **Luis Valadares Tavares,** O Guia da boa contratação pública – As Directivas de 2014 e o Decreto-Lei 111-B/2017, OPET, IST- Tagus Park, 2017

3 – Quando se verifica a nulidade do caderno de encargos?

Determina o n.º 8 do artigo 43.º que são nulos, os cadernos de encargos que não contenham os elementos legalmente exigíveis, ou seja, o projecto de execução (com a revisão de projecto, quando aplicável) acompanhado dos documentos descritos no n.º 5 do artigo. 43.º, entre os quais, o estudo geológico e geotécnico e os levantamentos de base e de campo.

Nos termos legais, o único modo de endossar a responsabilidade pelo estudo geológico ao adjudicatário será entregar-lhe a elaboração do projecto de execução conforme procedimento previsto no número 3 do artigo 43.º. Neste tipo de procedimento, a entidade adjudicante apenas terá de entregar aos interessados o programa preliminar, que tem de conter analises preliminares de base e de campo, a desenvolver posteriormente pelo adjudicatário. Assim e desde sempre aliás, ou o risco geológico é procedimentalmente atribuído ao executante ou não o sendo, cabe *vinculadamente* ao dono da obra proceder ao estudo geológico dos terrenos, e incluir tal informação nas peças do procedimento. Não podendo ter o melhor de dois mundos, a entidade adjudicante tem de optar e decidir que modalidade de procedimento pretende: se o projecto de execução é feito pela entidade adjudicante, o estudo geológico e geotécnico é também realizado pela entidade adjudicante, pois é parte integrante do projecto de execução.

O CCP não associa uma consequência jurídica genérica às invalidades das peças de procedimento. Apenas encontramos uma disposição que se refere à nulidade do caderno de encargos. Assim, nos termos do n.º 8 do artigo 43.º, o caderno de encargos é nulo quando não seja integrado pelo projecto de execução ou pelo programa preliminar previsto no n.º 1 e na parte final do n.º 3; seja elaborado com violação do disposto no n.º 2; o projecto de execução nele integrado não esteja acompanhado dos elementos previstos no n.º 5; os elementos de solução da obra neles integrados não observem o conteúdo obrigatório previsto na portaria referida no n.º 7.

No que diz respeito ao estudo geológico e geotécnico, a jurisprudência dos tribunais administrativos, não sendo abundante, é unânime quanto à sua imprescindibilidade como parte integrante do Projecto de Execução, seja este excepcionalmente da responsabilidade do adjudicatário, ou normalmente como é, da incumbência da entidade adjudicante.

Fora da jurisprudência dos tribunais administrativos, mas relevantes são os Acórdãos do Tribunal de Contas, sendo por exemplo o de 2010, bastante claro: "A *norma que estabelece a obrigatoriedade de realização dos estudos geológicos e geotécnicos visa salvaguardar uma boa execução das obras, segundo critérios de "boa construção", salvaguardando-se assim os interesses públicos, designadamente o da segurança e os específicos interesses financeiros públicos, associados aos bons investimentos. No que respeita aos estudos geológicos e geotécnicos que devem acompanhar os projectos de execução de obras públicas, a Administração desenvolveu critérios de vinculação a que submete os seus órgãos e serviços e no exercício daquele poder discricionário. Através da Portaria n.º 701-H/2008 de 29 de Julho, a Administração auto vinculou-se: estreitou em certos casos, a dimensão discricionária da decisão e noutros casos, alargou-a*"

Este Acórdão, já referia aliás, a contradição na redacção então vigente no CCP, "*entre a **obrigatoriedade** legalmente fixada de serem seguidas as determinações do regulamento e a previsão também fixada na lei, de que os estudos em causa devem ser feitos **sempre que tal se revele necessário.*** Ora esta expressão, já foi eliminada do texto da lei pelo Decreto-Lei 149/2012, pelo que não subsiste dúvida alguma, que as obras com determinadas características, terão sempre de ter o seu projecto de execução, acompanhado dum estudo geológico e geotécnico, sendo que se entidade adjudicante, o considerar desnecessário terá de o fundamentar.

E mesmo no âmbito da legislação anterior ao CCP, a jurisprudência considerava maioritariamente, que não existindo estudo geológico nem geotécnico do terreno em que deveria ser levada a cabo a execução da obra, a definição das características geológicas do terreno previstas para efeitos do concurso são obrigatoriamente definidas pelo dono da obra, sendo que esta obrigação se destina **a proteger o empreiteiro relativamente aos riscos de acréscimo de despesas de execução da obra,** derivadas da não correspondência entre a realidade do terreno e o considerado na sua proposta.

Não se encontram dúvidas nesta matéria, quer na doutrina, quer na jurisprudência, isto, para além da clareza da própria lei, após a publicação do Decreto-Lei 149/2012.

Neste quadro, o ordenamento jurídico-administrativo, pune com a nulidade, as situações em que a lesão da ordem jurídica decorrente do vício que afecta o acto em causa se anuncia de tal forma grave, que a respectiva salvaguarda só se encontrará satisfeita com a total improdutividade do acto.

4 – Quando arguir o vicio que gera a nulidade?

O número 10 do artigo 43.°, considera dois momentos para a arguição da nulidade que consiste na falta dos elementos descritos no número 5 da mesma disposição: Durante o prazo para a apresentação das propostas e depois da proposta adjudicada.

No que respeita ao primeiro momento, qualquer interessado inscrito no procedimento, pode identificar no primeiro terço do prazo para a apresentação das propostas a existência da omissão que consiste na *falta de levantamentos e análises de campo* e/ou *estudos geológicos e geotécnicos* e *resultados dos ensaios laboratoriais ou outros.*

No entanto, tratando-se de uma nulidade, pode ser arguida a qualquer momento, portanto, tal como aliás resulta também da redação da própria alínea a) do número 10, até ao termo do prazo para a apresentação das propostas.

A arguição da nulidade após a adjudicação está prevista na alínea b) do n.º 10 do artigo 43.º, embora neste caso haja que distinguir as seguintes situações:

a) O adjudicatário comunica nos termos do artigo 378.º n.º 4, ou seja, durante os 60 dias após a consignação, a existência de erro ou omissão que resulta da *falta de levantamentos e análises de campo* e/ ou *estudos geológicos e geotécnicos* e *resultados dos ensaios laboratoriais ou outros*
b) O adjudicatário comunica nos termos do artigo 378.º n.º 5, ou seja, para além dos 60 dias após a consignação, mas nos 30 dias a contar do conhecimento do facto, a existência de erros ou omissões derivados igualmente da *falta de levantamentos e análises de campo; estudos geológicos e geotécnicos* e *resultados dos ensaios laboratoriais ou outros.*

Cumpre assim distinguir a identificação pré contratual da identificação na fase de execução. Na fase pré-contratual a omissão identificada é a própria *falta de levantamentos e análises de campo* e/ou *estudos geológicos e geotécnicos* e *resultados dos ensaios laboratoriais ou outros.*

Na fase de execução o que o cocontratante identifica, é um ou vários erros ou omissões que necessitam de suprimento e que se assim acontece, é exactamente por falta dos referidos estudos, pois de outro modo o projecto patenteado, não teria sido elaborado, como de facto o foi.

Importa reter que sendo a nulidade arguível a qualquer momento, estes prazos atrás referidos, são aqueles que no âmbito do dever de cooperação os concorrentes e o adjudicatário deveriam cumprir, mas ao não o fazer, isso não determina que não o possam arguir a todo o tempo.

A obrigação de identificar um erro ou omissão que recai sobre o adjudicatário, neste caso só operava, se o estudo geológico e geotécnico estivesse patenteado. Não o estando, para mais contra o que a lei impõe, não é exigível aos interessados, concorrentes e adjudicatário que identifiquem algo, que a omissão originária imputável ao adjudicante, isso mesmo impede.

Em qualquer destes casos, o custo do suprimento do erro ou omissão e a necessidade de realizar os consequentes trabalhos complementares, que resultem da omissão de dados que constariam do estudo geológico, se ele existisse – como deveria- vão ser da responsabilidade do dono da obra.

5 – Como proceder para sanar o *vício* que gera a nulidade?

O Decreto – Lei 111-B/2017, com a adição dos números .º 9 e 10 ao artigo 43.º, veio estabelecer novos termos para sanação da nulidade decorrente da falta dos elementos previstos no n.º 5, situação que estava omissa em todas as anteriores versões do CCP, e fá-lo nos seguintes termos:

"A nulidade prevista no número anterior é susceptível de sanação, nos termos do disposto no n.º 2 do artigo 164.º do Código do Procedimento Administrativo", ou seja, através de reforma ou conversão.

Estão descritas no número 10 do artigo 43.º, as situações e os condicionalismos em que a nulidade incorrida pode ser sanada. Assim:

> *"a) Se verificado o vicio antes de decorrido o prazo para apresentação das propostas, a entidade adjudicante proceder à junção dos elementos em falta, no prazo de 5 dias, sendo prorrogado o prazo para apresentação de propostas nos termos do artigo 64.º;"*
>
> *"b) Se no prazo de cinco dias após a notificação para, querendo, sanar a nulidade, o contraente público, proceder à junção dos elementos em falta, desde que não alterem os pressupostos em que assentou a elaboração da proposta do adjudicatário;"*
>
> *"c) Se no prazo de 5 dias após notificação para, querendo, sanar a nulidade, o contraente público apresentar as razões que justificam a não exigência dos elementos previstos no n.º 5."*

Quanto à sanação dos vícios que geraram a invalidade importa clarificar, que a solução prevista na alínea a), aplica-se apenas na fase pré-contratual, nomeadamente quando na fase de esclarecimentos e identificação de erros e omissões, algum interessado invoque essa omissão, ou a entidade adjudicante o detecte. Pelo prazo concedido para a sanação da nulidade – 5 dias – o legislador parte do pressuposto, que a entidade adjudicante realizou os *levantamentos e análise de campo; estudos geológicos e geotécnicos; estudos ambientais; estudos de impacto social; resultados de ensaios e plano de prevenção e gestão de resíduos,* ainda que, não os tenha juntado às peças de procedimento. Com a eventual excepção da obrigação constante da alínea f) do n.º 5, se a entidade adjudicante não procedeu aos estudos, também não será em 5 dias que vai ter condições para o fazer.

A sanação prevista na alínea b) ocorre quando já existe adjudicatário, portanto numa fase mais avançada do procedimento. E o prazo para sanar a nulidade é o mesmo: 5 dias.

A noção constante da alínea b), de que o *juízo* sobre se a sanação tardia da nulidade – junção pela entidade adjudicante dos estudos – altera ou não os pressupostos em que o adjudicatário formulou a sua proposta, cabe à entidade adjudicante, é inteiramente desconexa.

É ao adjudicatário, que cabe avaliar sobre se a *mutabilidade* das peças procedimentais, afecta ou não a proposta que formulou. Ou seja, se com esse novo elemento, a formularia nos mesmos termos de condições de execução, preço e prazo que apresentou.

A não ser assim, cairia inteiramente o requisito da estabilidade das peças procedimentais, pelo que é muito mais provável que a junção desses estudos em momento tão tardio, traga maior perturbação ao procedimento, que não o fazer.

De tudo isto resulta um facto inequívoco na nossa opinião. Ao conceder um prazo tão curto para a entidade adjudicante juntar o que se encontra em falta (que ela realisticamente não possui) a própria norma "empurra" a entidade adjudicante a recorrer ao previsto na alínea c) encontrando razões que justifiquem a não exigência dos elementos previstos no n.º 5.

O melhor modo de obstar ao surgimento das situações previstas nos n.ºs 8 a 10 do artigo 43.º, é incluir sempre todos os elementos do n.º 5 no caderno de encargos.

De facto, se o plano de prevenção de resíduos se aplica a todas as obras de construção, já os estudos ambientais e de impacte social, poderão ser prescindíveis, numa obra de construção de um edifício numa zona habitacional ou industrial consolidada para essa finalidade, desde que respeitadas as normas urbanísticas. Esses estudos terão sido feitos obrigatoriamente durante as obras de urbanização.

Mas quando estamos face a obras de infraestruturas, como portos, pontes, estradas, taludes etc. os *levantamentos e análises de campo; estudos geológicos e geotécnicos* e *resultados dos ensaios laboratoriais ou outros,* são *indispensáveis* e mesmo para obras de edifícios (eventualmente com excepção de reabilitação, sem recurso a intervenção nas fundações) é totalmente exigível a informação cadastral quanto á natureza dos solos, ou na sua falta, então realizar o levantamento e análise de campo e o estudo geológico e geotécnico.

6 – O que é o estudo geológico e geotécnico?

Existe experiência e regulamentação suficiente, nacional e comunitária, para definir em que consiste o estudo geológico e geotécnico a que se refere o n.º 5 do artigo 43.º.

O Eurocódigo 7, específico para projectos geotécnicos **(Norma Europeia EN 1997-1 e Norma portuguesa desde 25/02/2005 através do termo de adopção 2019/2005)** estabelece na sua Parte 1, os princípios e requisitos aplicáveis aos aspectos geotécnicos do projecto de edifícios e de outras obras de engenharia civil.

A Parte 2, caracterização geotécnica, define os princípios e regras relativos a: a) Planeamento dos estudos de caracterização geotécnica (prospecção e ensaios) para apoio ao projecto; b) Requisitos gerais para os ensaios mais comuns de campo e laboratório; c) Interpretação dos resultados dos ensaios, tendo em vista a determinação de valores deduzidos dos parâmetros geotécnicos, que deve ser complementada por experiência.

Nos casos em que tal seja necessário, devem ser aplicados coeficientes de calibração para converter resultados de ensaios de laboratório e de campo, em valores representativos do comportamento do solo e da rocha. Nos maciços rochosos, a obtenção de parâmetros, processa-se, para além do recurso a ensaios, através de metodologias empíricas que tentam relacionar os factores que influenciam o comportamento dos maciços. Os maciços heterogéneos são de natureza mais complexa pelo que, para a sua caracterização, utilizam-se metodologias que combinam ensaios e classificações empíricas com ferramentas probabilísticas

A seleção dos valores característicos dos parâmetros geotécnicos é um dos aspectos cruciais das metodologias semi-probabilísticas de avaliação da segurança como é o caso das preconizadas no Eurocódigo 7 (EC7).

Este Eurocódigo estabelece, que a escolha dos valores característicos das propriedades dos solos e das rochas, deve basear-se nos resultados de ensaios de laboratório e de campo.

Num projecto geotécnico, não é possível a obtenção de resultados fiáveis, sem uma rigorosa caracterização dos parâmetros dos materiais envolvidos. Devido à variabilidade dos maciços, a avaliação das propriedades geotécnicas é o aspecto sobre o qual recai o maior grau de incerteza.

Nos maciços rochosos, o processo de caracterização deve assim resultar da combinação de ensaios *in sittu* e em laboratório com a aplicação de sistemas empíricos.

7 – Quando ocorre a necessidade de estudo geológico e geotécnico?

A norma que estabelece a obrigatoriedade de realização dos estudos geológicos e geotécnicos, visa salvaguardar uma boa execução das obras, segundo as regras da "boa construção", **com vista à proteção do interesse público, seja em sede de segurança, seja no controle da despesa associada ao investimento.**

No que concerne aos estudos geológicos e geotécnicos que integram o projeto de execução de determinadas obras, a Administração estabeleceu critérios de vinculação a que submete os seus órgãos, no exercício daquele poder discricionário.

Com a publicação da Portaria 701-H/2008 de 29 de Junho, a Administração auto vinculou-se e limitou a sua discricionariedade, em matéria de conteúdo dos projetos de execução de obras públicas.

Na redação primitiva do CCP, os preceitos referentes à obrigatoriedade de incluir nas peças do caderno de encargos, o estudo geológico e geotécnico, padeciam de alguma ambiguidade.

De facto, na redação primitiva do n.º 5 do artigo 43.º do CCP, "*o projecto de execução deve ser acompanhado, sempre que tal se revele necessário (...) dos estudos geológicos e geotécnicos* ".

No entanto, apesar da palavra equívoca (ser *"necessário")* quanto à obrigatoriedade de inclusão do estudo, a alínea d) do n.º 8 do artigo 43.º, *punia* com a *nulidade* – a mais gravosa forma de invalidade – um caderno de encargos, quando o projeto de execução nele integrado, não estivesse acompanhado dos estudos geológicos e geotécnicos.

Como já anteriormente aqui referido, a publicação do Decreto-Lei 149/2012, de 12 de Julho, que alterou a redação do n.º 5 do artigo 43.º do CCP, a formulação inteiramente subjetiva da expressão "*sempre que se revele necessário*", foi substituída pela obrigação de acompanhar o projeto de execução, nomeadamente com "os estudos geológicos e geotécnicos", agora ***"em função das características específicas da obra"*** **e não, como anteriormente, através dum juízo discricionário sobre a respetiva "necessidade".**

O n.º 8, alínea c) do mesmo artigo 43.º, mantém a sua redação original, ou seja, "*o caderno de encargos é nulo, quando: (...)* ***c)*** *o projeto de execução nele integrado, não esteja acompanhado dos elementos previstos no n.º 5* ".

Esta norma é aplicável a todas as obras de Categoria III ou superior e com preço base, enquadrável na Classe 3 ou superior, por via do disposto no n.º 2 do artigo 43.º do CCP, por remissão do n.º 5 do mesmo artigo.

Para apurar a Categoria da Obra, a legislação própria é a Portaria 701-H/2008 e para definir a classe aplicável ao preço base, o diploma que concerne é a Portaria 119/2012 de 30 de Abril.

As obras que são classificadas como de Categoria III, estão descritas no n.º 4 do artigo 11.º a Portaria 701-H/2008.

Esta conjugação de normas em vigor, permite que o n.º 2 do artigo 43.º do CCP seja imediata e obrigatoriamente aplicável, sem necessidade da publicação de qualquer outra portaria, pois a Portaria 701-H/2008, é a prevista no n.º 7 do artigo 43.º.

Se ainda subsistissem dúvidas sobre o facto da portaria prevista no n.º 7 do artigo 43.º do CCP ser a Portaria 701-H/2008, atente-se na redacção n.º 3 do artigo 2.º- A, aditado à Lei 30/2021, pelo Decreto-Lei 78/2022 de 7 de Novembro.

Jurisprudência

A jurisprudência disponível sobre este tema da obrigatoriedade do estudo geológico é quase na totalidade ainda referente a situações ocorridas ao abrigo da legislação de 1999 ou anterior.

No entanto, como já verificámos, o CCP é tão ou mais exigente quanto a esta matéria, quanto o quadro legislativo anterior.

Por ser exemplar, pelo seu detalhe, entendemos relevante citar e reproduzir aqui e comentar o Acórdão do Supremo Tribunal Administrativo (STA) de 26 de Setembro de 2002 (processo 047797) disponível em www.dgsi.pt.

Considera esta decisão que: *"I – O facto de uma empreitada ter sido acordada por preço global não obsta a que seja devido pagamento por trabalhos a mais, dentro do condicionalismo previsto no art.26.º do Decreto-Lei n.º 405/93 de 10 de Dezembro; II- Não existindo estudo geológico nem geotécnico em que deveria ser levada a cabo a execução da obra, a definição das características geológicas do terreno previstas para efeito de concurso são obrigatoriamente definidas pelo dono da obra (art. 60.º n.ºs 3 e 4 do Decreto-Lei n.º 405/93); III- Em face da imperatividade deste regime, é nula a imposição ao empreiteiro, feita no programa de concurso, da obrigação de apresentar prospecção geotécnica do local da obra, se interpretada com o alcance de dispensar o Réu daquela obrigação legal e consubstanciando-se a nulidade na infracção de uma norma destinada a proteger o empreiteiro relativamente aos riscos de acréscimo de despesas de execução da obra, (...)"*

Mais consta do Acórdão do STA, as seguintes considerações, que se mantém actuais, se comparada a legislação citada, com aquela que para os mesmos efeitos, consta actualmente das normas do CCP:

> *"Resulta do disposto nos artigos .º59.º e 60.º do Decreto-Lei n.º 405/93, que é ao dono da obra que cabe elaborar o projecto do concurso ...( )Nos termos do n.º 1 deste art.º 59.º, «o concurso terá por base um projecto, um caderno de encargos e um programa de concurso, elaborados pelo dono da obra».) e que, entre as peças do projecto a exibir, incluem-se as suficientes para definir a obra, nomeadamente no que concerne à caracterização do terreno (...) O n.º 1 do art.º 60.º estabelece que «as peças do projecto a exibir no concurso serão as suficientes para definir a obra, incluindo a sua localização, a natureza e o volume dos trabalhos, o valor para efeito do concurso, a caracterização do terreno, o traçado geral e os pormenores construtivos», bem como os estudos geológico e geotécnico, se existirem (...) Estabelece o n.º 3 do art.º 60.º que «das peças desenhadas devem constar, além de outros elementos reputados necessários, a planta de localização, as plantas, alçados, cortes e pormenores indispensáveis para uma exacta e pormenorizada definição da obra e, ainda, quando existirem, os estudos geológico ou geotécnico»).*

No caso em apreço não existiam esses estudos, pelo que, por força do disposto no n.º 4 do mesmo art.º 60.º deveriam ser «obrigatoriamente definidas pelo dono da obra as características geológicas do terreno previstas para efeitos do concurso», o que este não fez [alínea Q) da especificação].

O carácter imperativo desta última disposição, impondo ao dono da obra a definição das características geológicas do terreno previstas, implica que não possa transferir-se para o empreiteiro ónus de suportar o acréscimo de custos derivados de características imprevistas, designadamente com base no n.º 2 do art.º 14.º daquele diploma, invocado pelo Réu. Na verdade, nesta norma impõe-se ao empreiteiro suportar os danos resultantes de erros ou omissões do projecto da sua autoria, mas exceptuam-se os casos de os erros resultarem de deficiências dos dados fornecidos pelo dono da obra. Isto é, em essência, o que subjaz a este n.º 2 do art.º 14.º é o entendimento de que, na perspetiva legislativa, as consequências dos erros devem recair sobre o contratante a quem ele é de imputar, o que, aliás, é um critério de manifesta razoabilidade.

No caso em apreço, assim, é sobre o Réu, que tinha o dever de definir as características do terreno, que têm de recair as consequências da previsão inexacta em que se baseou a proposta da Autora.

Em face da imperatividade deste regime, a imposição ao empreiteiro, feita no programa do concurso, da obrigação de apresentar prospecção geotécnica do local da obra, se interpretada com o alcance de dispensar o Réu daquela obrigação legal, seria nula (como resulta do disposto nos art.º 280.º e 294.º, n.º 1, do Código Civil, aplicáveis ao abrigo do art.º 236.º do Decreto-Lei n.º 405/93). Consubstanciando-se a nulidade na infracção de uma norma destinada a proteger o empreiteiro relativamente aos riscos de acréscimo de despesas de execução da obra, derivados da não correspondência entre a realidade do terreno e o considerado na sua proposta, a nulidade parcial teria como consequência a manutenção do contrato sem o acordado em infracção da lei. (Neste sentido, MANUEL DE ANDRADE, Teoria Geral da Relação Jurídica, volume II, 1974, página 430, e MOTA PINTO, Teoria Geral do Direito Civil, 1980, páginas 482-483).

Assim, o facto alegado pelo Réu de constar do Programa de concurso a obrigação dos concorrentes apresentarem uma prospecção geotécnica do local não podia provocar uma válida transferência para a Autora do dever de definir as características geológicas do terreno e, por isso, da correlativa imputação das consequências do eventual erro da previsão (...)"

No essencial todas estas obrigações da entidade adjudicante se mantêm no artigo 43.º do CCP, salvo nos casos em que as características da obra, notória e fundamentadamente não o exigem.

ANOTAÇÕES

1 - Tribunal de Contas: A resolução n.º 14/2011 de 16 de Agosto refere que nestes casos (falta de dos elementos que devem acompanhar o projecto de execução) deve ser apresentada fundamentação circunstanciada para a respectiva desnecessidade, conforme previsto na alínea b) do n.º 2 do artigo 17.º da citada Resolução

2 - Tribunal de Contas: No sentido da dispensabilidade de estudo geológico em certos casos : (Acórdão n.º5/25.fev.10/1.ªs/PL, recurso ordinário n.º 20/2009, Processo n.º 38/2009): "Retenha-se ainda da petição de recurso que já existiam construções no solo onde decorreram os trabalhos de execução da empreitada, pelo que a reacção do solo à construção era também já conhecida", e que, portanto, na "empreitada em assunto de "reabilitação e requalificação", tais estudos não se mostram necessários" (...) Tenha-se igualmente em conta o que é afirmado no parecer técnico de engenharia em que se conclui que "na obra em apreço tendo em atenção o tipo de obra (construção de área de apoio a banhistas), dimensão e conhecimento por parte da equipa projectista do tipo de solo onde foi implantado o edifício e que se veio a confirmar nos trabalhos de escavação, não se revela necessário a elaboração do estudo geológico e geotécnico.(...) Não se vê pois fundamento para considerar que neste caso se revelava necessário proceder á realização dos estudos geológicos e geotécnicos. Por isso, considera-se que o caderno de encargos não é nulo. Por isso também, se considera não haver fundamento para recusa do visto. (...) Alerta-se, contudo, a entidade adjudicante para, em futuros procedimentos, **apresentar sólida e expressa fundamentação,** no caso de, no exercício do poder discricionário acima caracterizado, decidir considerar não necessário fazer acompanhar o projecto de execução de estudos geológicos e geotécnicos, nos casos em que resulta do regulamento a sua obrigatoriedade."(sublinhado nosso)

8 - Quando é obrigatório o estudo geológico e geotécnico?

Depende das características da obra. Quando no entender da entidade adjudicante (e do projectista que contratar) tal estudo não seja necessário, deve fazer constar a justificação da sua dispensa nas peças do procedimento.

A lei não pede expressamente que esta justificação de dispensa esteja disponível para os interessados no procedimento, mas um projecto de execução que não esteja acompanhado dos elementos previsto no número 5 do artigo 43.º é nulo. Tal nulidade pode ser sanada ou pela junção em 5 dias do elemento em falta ou pela apresentação pela entidade adjudicante das razões que justificam a sua não exigência, conforme alíneas a) e c) do número 10 do artigo 43.º.

De reter, que caso o contrato seja sujeito a fiscalização prévia pelo Tribunal de Contas como já referimos, este exige nos termos da alínea b) do n.º 2 do artigo 17.º da sua Resolução n.º 14/2011 de 16 de agosto, que as entidades adjudicantes remetam como documentação ao Tribunal de Contas, "*fundamentação circunstanciada da desnecessidade*" de algum dos elementos previstos no número 5 do artigo 43.º do CCP.

Em qualquer obra pública, a norma que estabelece a obrigatoriedade de realização dos estudos geológicos e geotécnicos, prevista na alínea b) do n.º 5 do artigo 43.º do CCP, visa salvaguardar a execução das obras segundo as regras da "boa construção", com vista à protecção do interesse público, seja em sede de segurança, seja no controle da despesa associada ao investimento.

9 – A carta geológica substitui o estudo geológico?

Por vezes o procedimento remete a informação geológica para a Carta Geológica de Portugal à escala 1:50.000, como único elemento constitutivo do ***"estudo geológico do terreno de execução da obra"***, pois nenhum outro elemento com conteúdo de caracterização geológica, é junto ao processo de concurso, pretendendo com isso preencher a exigência constante da alínea b) do número 5 do artigo 43.º. Ou seja, designa-se por "estudo geológico" o que realmente não o é.

Segundo as referências do LNEG, Laboratório Nacional de Energia e Geologia, sobre a utilidade e limitações da carta geológica à escala 1:50.000, cumpre citar a seguinte:

"A cartografia geológica sistemática é uma atividade multidisciplinar, executada por equipas de especialistas dos vários domínios requeridos pela natureza e estrutura da região cartografada. ***Dada a frequente ocultação do subsolo pela presença de solos e outras coberturas, esta cartografia é sempre uma interpretação da realidade que deve ser completada com a máxima informação existente obtida através da observação de testemunhos de sondagens, dados geofísicos, etc. que permita constranger a modelização, das formações e estruturas geológicas, em profundidade."*** (sublinhado nosso).

A investigação geotécnica deve, pois, ser feita com a realização de ensaios, em particular *in sittu,* tendo em consideração a natureza descontínua, heterogénea e anisotrópica, pelo que a avaliação dos parâmetros geomecânicos é, em larga medida, influenciada pelos volumes ensaiados.

A ausência deste dever na investigação geotécnica, prévia à elaboração do projecto de execução, viola várias normas imperativas e revela a ausência de prudência e *boa governação,* destinadas a evitar as consequências que se vieram a verificar

Assim, os ensaios *in sittu,* de laboratório, bem como sondagens assumem particular importância para a engenharia geotécnica e engenharia das rochas, sendo necessários para o completo conhecimento dos materiais em estudo, por forma a se obter-se alguns dos parâmetros requeridos, como recomendados pela International Society for Rock Mechanics (ISRM) o que resulta, aliás, das recomendações do Eurocódigo 7 – Projetos geotécnicos.

Este Eurocódigo estabelece que a escolha dos valores característicos das propriedades dos solos e das rochas deve basear-se nos resultados de ensaios de laboratório e de campo.

Num projeto geotécnico não é possível a obtenção de resultados fiáveis sem uma rigorosa caracterização dos parâmetros dos materiais envolvidos, devido à variabilidade dos maciços a avaliação das propriedades geotécnicas é o aspecto sobre o qual recai o maior grau de incerteza.

Nos maciços rochosos o processo de caracterização deve assim resultar da combinação de ensaios *in sittu* e em laboratório e de sondagens.

Deve, pois, concluir-se, que para a elaboração de um projeto geotécnico é mais importante o conhecimento das propriedades do terreno (com recurso a diversos tipos de ensaios e sondagens) e o controlo da qualidade de execução, do que propriamente o rigor dos modelos de cálculo e dos coeficientes de segurança adotados.

Cabendo ao dono da obra a elaboração do projeto da empreitada, e sendo sua a obra em causa, não é admissível que pretenda transferir para o empreiteiro, a inerente responsabilidade pelo risco geológico, invertendo um princípio geral de direito segundo o qual cada um é responsável pelos seus atos e pelos riscos que assume.

10 – Pode remeter-se a prospeção geológica para o adjudicatário?

Remeter para os concorrentes e para o futuro adjudicatário, o dever de realizar *estudos geológicos e geotécnicos, para confirmar, verificar e determinar as características dos parâmetros geotécnicos que serviram de base ao projecto,* ou seja, de fazerem um estudo geológico e geotécnico, constitui uma *fraude á lei* e é uma perversão das suas regras e exigências, nomeadamente da alínea b) do artigo 43.º n.º 5.

Se o projecto de execução é da autoria (ou da encomenda) do dono da obra, é também a ele que cabe realizar ou obter esses estudos, necessários à elaboração do projecto de execução.

Quando existem algumas *meras informações indicativas* no procedimento, sobre o tipo de terreno onde a obra se vai desenvolver, é legalmente possível remeter para os concorrentes o dever de completarem a informação insuficiente fornecida? A resposta só pode ser negativa.

O que pode exigir-se aos concorrentes, no caso de uma obra com projecto do dono da obra, como resulta do artigo 50.º n.º 2 alínea a) e 63.º n.º 2 do CCP, é que inspecionem ou visitem os locais onde a obra vai ser realizada, o que é algo muito diferente de realizar nos locais, sondagens e ensaios para determinar as características geológicas e geotécnicas dos terrenos.

A inspeção prévia, seja ela facultativa ou obrigatória, conforme determinar o caderno de encargos, é sempre limitada à percepção daquilo que" está à vista" e não incluiu qualquer actividade invasiva no solo do local dos trabalhos para determinar situações ou vícios ocultos. Essa função é da incumbência do projectista e não dos interessados no procedimento.

Nem jamais se viu sustentado – seria mesmo um absurdo – que para dar cumprimento ao ónus jurídico que o artigo 50.ª lhes impõe em sede de erros e omissões, ou mesmo no período de 60 dias, conferido pelo artigo 378.º n.º 4, os concorrentes e posteriormente o adjudicatário, estivessem obrigados a verificar as características geológicas e geotécnicas dos terrenos.

11 – A informação genérica sobre caracterização geológica de um território, substitui estudo geológico?

Consideremos o caso de determinada empreitada não ter sido objecto de estudo geológico e geotécnico e que tal facto foi inclusive assumido na Memória Descritiva e Justificativa patenteada, referindo esta, que na ausência de informação especifica na área de intervenção, o adjudicatário ficaria incumbido – antes da execução dos trabalhos de escavação – de proceder à realização de trabalhos de prospeção adicional. Esta campanha deveria permitir avaliar as características reais do terreno, recomendando-se ao adjudicatário a realização de trabalhos de sondagem e ensaios a seu encargo.

Neste caso concreto, pode assim dar-se por assente, que os documentos patenteados apenas continham informação genérica sobre a "Caracterização Geológica e Geotécnica" do território onde a obra se irã desenvolver.

A simples descrição de uma peça deste teor num caderno de encargos, constitui só por si, uma confissão que o procedimento em causa, foi lançado, com incumprimento do disposto na alínea b) do n.º 5 do artigo 43.º do CCP: Ou seja, numa obra, desenhada por preço global, cujas *características especificas* o requeriam, o procedimento não foi acompanhado de estudo geológico e geotécnico.

Melhor clarificado: a ausência de estudo geológico e geotécnico, impediu em consequência, que o projecto de execução **não fosse patenteado devidamente estabilizado e fundamentado**, apresentando-se ao invés, como um projecto, digamos, *dinâmico*, dependente daquilo que afinal, viessem a ser as condições geológicas encontradas após a consignação da obra, ou seja, com base em pressupostos que poderiam ou não verificar-se, e que segundo as disposições da Memória Descritiva, condicionariam à partida a solução definida no projecto.

Se esses pressupostos- considerados apenas com base na Caracterização Geológica e Geotécnica" do território onde a obra se iria desenvolver não se verificassem, colocariam em crise a solução patenteada no concurso.

A assunção desta circunstância pela entidade adjudicante, seria sempre incompatível com a natureza jurídica de uma empreitada por preço global ou com a publicação de uma lista completa de todas as espécies de trabalhos necessários à execução da obra a realizar e do respectivo mapa de quantidades, conforme determina a alínea b) do n.º 4 do artigo 43.º do CCP.

Neste enquadramento legal, torna-se evidente que o lançamento de uma obra, especialmente em *regime de preço global,* terá obrigatoriamente que incluir as sondagens, furações e ensaios laboratoriais como parte do estudo geológico e geotécnico patenteado e não como actividade a realizar após a consignação.

12 – É legal a inserção de um artigo para "escavação em terreno de qualquer natureza"?

Esta descrição da actividade de escavação, continua surpreendentemente a surgir no Mapa de Quantidades de vários procedimentos e é manifestamente ilegal.

Pode até suceder que o artigo da Lista de Preços Unitários contenha algo como ***"Escavação em terreno de qualquer natureza, conforme estudo geotécnico, na abertura de vala"***, mas constata-se que afinal não existe estudo geotécnico patenteado. Nem de outro modo poderia entender-se. De facto, se existisse estudo geológico ou geotécnico, então o terreno não seria de *"qualquer natureza"*, mas da natureza que constaria do estudo.

A sanação deste vício, só pode ocorrer de dois modos: ou a entidade adjudicante junta o elemento em falta, conforme alínea a) do número 10 do artigo 43.º ou apresenta as razões que justificam a não exigência desse estudo, conforme alínea c) do número 10 do artigo 43.º.

Neste particular é vulgar surgirem nas respostas às invocações de nulidade ou a pedidos de esclarecimento, respostas do mais variado teor.

Talvez a mais corrente seja a entidade adjudicante afirmar que, não obstante a ausência de estudo geotécnico, existe um conhecimento profundo do local, quer pelo dono de obra quer pelo projetista, uma vez que se trata de uma intervenção em continuidade, em que o terreno intervencionado apresenta a mesma morfologia e geologia dos terrenos já infraestruturados, onde se pode verificar as características dos solos e maciços geológicos recorrentes na zona, que só agora descreve na sequência de um pedido de esclarecimento.

Ora, uma explicação deste teor poderá ser aceitável para efeitos de cumprir o disposto na alínea c) do número 10 do artigo 43.º. Só fica por saber então, porque razão não fez constar esta informação *ab initio* no procedimento ...

E é aceitável, em primeiro lugar porque a entidade adjudicante demonstra suficiente conhecimento do terreno, para excluir a necessidade do estudo geológico, porque a conhece e a publicita.

Em segundo lugar porque a informação que presta, face ao pedido de esclarecimento ou à nulidade arguida, transmite suficiente informação geológica, que, note-se, vincula o dono da obra no futuro da obra, mas permite ao concorrente formular a sua proposta com o mapa de equipamento e mão de obra adequado ao tipo de trabalhos que vai realizar.

Numa obra em regime de preço global, é absurdo inserir um artigo para obter preço para escavação em "terreno de qualquer natureza", sem mais informação adicional. Que tipo de equipamento irá o concorrente incluir na sua proposta para proceder à escavação?

A inserção na lista de preços unitários da expressão "escavação em terreno de qualquer natureza", é flagrantemente ilegal e deve ser objecto de invocação da nulidade por parte dos interessados no procedimento, dentro do primeiro terço do prazo para a apresentação das propostas.

13 – Quais as consequências da verificação durante a fase de execução de falta ou de errada informação geológica?

Se a entidade adjudicante, inseriu no caderno de encargos um documento titulado como *"estudo geológico e geotécnico"*, mas que de facto se vem a verificar na fase de execução dos trabalhos, que a realidade não corresponde ao que seria expectável mediante as informações constantes do documento patenteado pela entidade adjudicante, nestas circunstâncias, – verificação da insuficiência ou desconformidade do estudo geológico e geotécnico, com a realidade encontrada – o dono da obra, terá de facultar ao empreiteiro um novo documento que se afigure conforme com a realidade encontrada no terreno.

Dependendo da fase de desenvolvimento do plano de trabalhos em que se identificar tal erro do estudo geológico, isso pode obrigar ou à suspensão dos trabalhos apenas na actividade afectada por essa circunstância e enquanto um novo estudo ou um estudo complementar é realizado, ou pode mesmo obrigar à suspensão total da obra, se a actividade em curso no momento da identificação, for uma actividade do caminho crítico da empreitada, tudo nos termos da alínea b) do artigo 365.º.

Sucedendo durante a fase de execução da obra, a verificação que o estudo geológico patenteado não se encontra correcto, por via dos seus pressupostos total ou parcialmente estarem errados, já não será viável (embora teoricamente admissível) nessa fase, o suprimento dessa nulidade, através do disposto na alínea b) do n.º 10 do artigo 43.º.

A única alternativa, será o vício que enferma o estudo geológico e geotécnico, ser sanado através do recurso ao regime de erros e omissões do CCP previsto no número 1 do artigo 378.º, pois nesta situação, não seria exigível que os concorrentes identificassem esse erro, quer na fase de procedimento, quer nos 60 dias seguintes à consignação.

A constatação de que o estudo geológico e geotécnico se encontrava insuficiente ou incorrecto, conduziu a que tivesse sido fornecido aos concorrentes e ao adjudicatário, um projecto de execução contendo *"dados desconformes com a realidade"* e prevendo *"condições técnicas de execução do objecto do contrato inexequíveis."*

Em consequência dessas desconformidades, o projecto patenteado, incorporará erros e omissões que – de acordo com o que lhe seria legalmente exigível – o concorrente não teria possibilidade de identificar na fase pré – contratual, até porque **existindo realmente um intitulado "estudo geológico e geotécnico", tal documento merece presunção de confiança técnica.**

Ora, se mais tarde se verifica que as condições de terreno são diferentes e as condições técnicas de execução reais, não são as previstas na proposta, poderá – quase certo – conduzir a produtividades muito inferiores ao estimado pelo dono de obra no projecto de execução e calculados em função disso pelo empreiteiro.

Os equipamentos afectos à execução dos trabalhos, os meios humanos e o prazo podem deixar de se compatibilizar com a realidade mais tarde verificada.

Este conjunto de factores anómalos, e sem prejuízo da avaliação e comparação das condições de execução reais com as condições consideradas na proposta adjudicada, se pela sua gravidade e dimensão, causarem uma maior dificuldade na execução da obra com agravamento dos custos do empreiteiro, poderá haver lugar à reposição do equilíbrio financeiro do contrato, devendo o empreiteiro solicitá-lo nos termos, condições e prazos, previsto no artigo 354.º do CCP.

14 – Qual a importância do projecto de execução?

O projecto de execução e o plano de trabalhos, são as peças mais importantes numa empreitada de obras públicas.

O projecto de execução encontra-se definido na portaria 701-H/2008 de 29 de Julho, quer nos termos aplicáveis a todas as obras, quer a cada tipo de obra especifica.

As alterações ao projecto de execução patenteado, são admissíveis na fase de procedimento face a erros ou omissões identificadas pelos interessados, que motivarão, se aceites, que o projecto seja nesse momento alterado.

Sem prejuízo do disposto no artigo 370.º e conforme os seus limites, durante a fase de execução dos trabalhos, o projecto só deve ser alterado nas condições previstas na lei, nomeadamente por novas identificações de erros ou omissões que implicam alteração ao projecto ou por alteração anormal e imprevisível das circunstâncias que a isso obrigue ou por razões de interesse público. Doutro modo, a obra que estará a ser executada, já não é aquela que foi submetida a concurso ou consulta prévia e notoriamente se encontram violados os princípios da concorrência e transparência.

"A elaboração do projecto de execução tem de cumprir as exigências do artigo 43.º do CCP, seja este elaborado pelo adjudicante ou adjudicatário, devendo sempre ser acompanhado pelo menos dos elementos constantes do n.º 5 do artigo 43.º (...) Todos os elementos do projecto de execução (não confundir com "*esquiços*" de preparação de obra, que não são elementos de projecto) que não tenham sido patenteados ou aceites no procedimento como variante, têm obrigatoriamente de ser submetidos à aprovação do dono da obra, antes do inicio dos trabalhos, sejam estes novos elementos, da autoria ou sugestão do projectista, coordenador de projecto, fiscalização ou empreiteiro. (...) Os elementos de projecto entregues ao empreiteiro durante a execução dos trabalhos para se considerarem válidos, bons para execução e vinculativos, devem ser assinados (...) datada a sua elaboração (...) e datada a sua entrega. Ao empreiteiro apenas cabe (e isso não é menos relevante) os desenhos de preparação de obra, os quais não contêm qualquer "trabalho de concepção", mas caracter meramente executório. O empreiteiro define – e nisso deve definir com autonomia- o modo como prepara a obra, para obter o resultado pretendido pelo projectista. (..) Genericamente e na falta de estipulação contratual, "*o empreiteiro tem a obrigação de realizar todos os trabalhos que, por sua natureza, por exigência legal ou segundo uso corrente sejam considerados como preparatórios ou assessórios à execução da obra (...) vg* artigo 350.º do CCP. Este artigo enuncia alguns dos trabalhos considerados preparatórios ou acessórios e em nenhum explicita ou implicitamente se encontram "actividades de concepção", por muito pouco importantes que sejam.

Em matéria de concepção do projecto, o empreiteiro tem de limitar a sua actuação ao dever de "colaboração recíproca" prevista no artigo 289.º do CCP, que dispõe que "*as partes estão vinculadas pelo dever de colaboração mútua, designadamente no tocante à prestação recíproca de informações necessárias à boa execução do contrato,*" (in **Lurdes Pereira Coutinho e José Manuel Oliveira Antunes**, Regime Juridico da Elaboração e Subscrição de Projectos, Almedina, 2011, pág. 171.)

Na fase de execução da obra e em caso de alterações ao projecto patenteado, o projectista deve entregar os desenhos, acompanhados duma lista identificativa dos mesmos, de modo a que não restem dúvidas do que foi entregue e da data em que ocorreu.

É com base nos desenhos de projecto, que devem ser elaborados os desenhos de preparação. Não pode haver confusão entre a origem, autoria e os destinatários de cada desenho.

ANOTAÇÕES

1 - **Pedro Matias Pereira,** A revisão do Projeto de Execução, Revista de Direito Administrativo N.º 3

2 - **Telmo Dias Pereira,** Gestão de projeto e contratação de empreitadas de obras, Imprensa da Universidade de Coimbra

15 - Qual a responsabilidade dos projectistas?

Estabelece o n.º 6 do artigo 378.º do CCP que:

> "6 - *Sem prejuízo do disposto nos números anteriores, caso os erros ou omissões decorram do incumprimento de obrigações de conceção assumidas por terceiros perante o dono da obra:*
>
> *a) Deve o dono da obra exercer obrigatoriamente o direito que lhe assiste de ser indemnizado por parte desses terceiros;*
>
> *b) Fica o empreiteiro sub-rogado no direito de indemnização que assiste ao dono da obra perante esses terceiros até ao limite do montante que deva ser por si suportado em virtude do disposto nos n.º3, 4 e 5.*
>
> *7 - No caso previsto no número anterior, a responsabilidade dos terceiros perante o dono da obra ou o empreiteiro, quando fundada em título contratual é limitada ao triplo dos honorários a que tenham direito ao abrigo do respetivo contrato, salvo se a responsabilidade em causa tiver resultado de dolo ou de negligência grosseira no cumprimento das suas obrigações.*"

As situações que esta disposição pretende tutelar, derivam do facto de durante muitos anos, fosse o custo dos suprimentos derivados de erros de projecto, suportados pelo dono da obra ou pelo empreiteiro, raramente os responsáveis pelos erros de concepção eram chamados a assumir responsabilidades.

O exercicio do direito a ser indemnizado, passou com o CCP a ser *obrigatoriamente* exercido pela entidade publica. O empreiteiro, apenas exercerá esse direito se o entender fazer, como é normal, pois trata-se de uma entidade particular.

Para esta disposição operar, tornava-se necessário garantir que os riscos assumidos pelos projectistas, pudessem ser objecto de seguro por parte daqueles. Naturalmente, sem um limite a essa responsabilidade, tornava-se impossivel obter uma apólice que cobrisse tais riscos.

Daí que o legislador tenha limitado o risco do projectista ao triplo do valor dos honorários, salvo dolo ou negligência grosseira.

Seguro de erros e omissões

O seguro de erros e omissões (chamado O&E na sigla inglesa) é um seguro da área da responsabilidade civil profissional, que que normalmente abrange todas as coberturas profissionais, com excepção do D&O, sigla de Directors and Office, voltado apenas para os Directores e Administradores. Este D&O, garante por seu turno a cobertura para as situações que envolvem a gestão das empresas.

Os seguros de erros e omissões, cobrem os profissionais que estão sujeitos a processos judiciais por parte dos respectivos clientes, nomeadamente os arquitectos, engenheiros, engenheiros projectistas e também os profissionais individuais das entidades fiscalizadoras das obras, ou os directores de obra.

Os profissionais destas áreas, nomeadamente os de projecto, são normalmente entidades cujo principal património é o intelectual. Os únicos activos destas empresas ou profissionais liberais, são os computadores e material de escritório, muitas vezes ele próprio alugado.

As coberturas básicas dos seguros, são:

a) Danos materiais e/ou danos corporais e/ou prejuízos decorrentes de acções ou omissões cometidas pelo segurado no exercício da sua profissão, resultante de erros de projectos, avaliações, perícias, serviços ou obras atribuídas à sua especialização, por ele elaborados, supervisionados ou executados.
b) Danos morais, desde que resultantes dos actos atrás descritos e determinados por sentença judicial ou arbitral
c) Normalmente as custas judiciais e os honorários a incorrer pelo segurado com a sua defesa.

Estão quase sempre excluídos das coberturas destes seguros, as responsabilidades assumidas pelo segurado em contratos que não decorram de obrigações legais; situações de dolo no exercício da actividade, mas com cobertura da negligência.

Na situação estabelecida no CCP, este seguro para os profissionais que realizam "prestações de concepção", tem o risco máximo calculado no art. 378.º, n.º 7.

Para um seguro destes operar há um conjunto de práticas no sector que têm de ser cumpridas.

Em primeiro lugar a situação que decorre o art. 378.º, n.º 6, tem de ser considerado como um "sinistro" na linguagem da seguradora.

Em segundo lugar a "violação das obrigações de concepção" tem de ser clara e estar abrangida pela cobertura contratada pelo segurado.

Podemos dizer com segurança, que todas as seguradoras exigirão em caso de sinistro, que o segurado se obrigue a avisar imediatamente a seguradora, da ocorrência de qualquer facto de que possa resultar responsabilidade civil, nos termos da apólice que subscreveu, especificando a data da ocorrência do evento, a descrição dos respectivos factos, os procedimentos para minorar os efeitos do evento gerador da comunicação, e juntar obviamente, todos os elementos contratuais, que formalizam a sua relação jurídica com a entidade reclamante.

Importará em consequência definir qual o momento próprio face ao conteúdo do art. 378.º do CCP, para efectuar a comunicação do erro de concepção, pela fiscalização ou para o pedido de indemnização pelo empreiteiro.

Haverá em todo o caso, na falta de acordo, necessidade de decisão judicial ou arbitral nos contratos com os projectistas.

A Portaria 959/2009, de 21 de Agosto, possui uma secção especifica (VI – clausulas 40.º e 41.º) que regula as apólices de seguro que os empreiteiros devem possuir e qual o objecto dos contratos de seguro.

Por seu turno a Lei n.º 31/2009, de 3 de Julho, descreve no seu art. 24.º, os termos dos contratos de seguro de responsabilidade civil extra contratual, que os técnicos responsáveis pela coordenação e subscrição de projectos, pela fiscalização de obra pública e particular e pela direcção de obra, estão obrigados a celebrar para garantir o ressarcimento dos danos causados a terceiros por actos ou omissões negligentes.

ANOTAÇÕES

1 – **Maria Cristina Gallego dos Santos**- O Projecto de Arquitetura: Valor Jurídico nos Erros e Omissões (Nótulas), Revista de Contratos Públicos n.º 7

II
Consignação

II

[illegible]

16 – Qual a noção de Consignação?

Consignação é o acto pelo qual, o representante do dono da obra faculta ao empreiteiro os locais onde hajam de ser executados os trabalhos, em condições que permitam o início da sua execução e consequentemente da contagem do prazo contratual estabelecido, sem prejuízo de o prazo de execução, não se poder iniciar antes de aprovado o plano de segurança e saúde.

Existem, por conseguinte, um conjunto de pressupostos que terão de se encontrar cumpridos, para que se possa considerar que o local da obra se encontra consignado.

Como condição essencial, o dono da obra deve encontrar-se na posse dos locais onde os trabalhos irão decorrer, bem como das servidões (se necessário) indispensáveis à execução dos trabalhos.

Não subsiste qualquer dúvida, seja em obra pública ou particular, que é ao dono da obra que cumpre antecipadamente à consignação, iniciar e concluir os procedimentos conducentes à posse dos locais.

Em casos excepcionais em obra pública, mas devidamente fundamentados, a consignação pode ter lugar sem que o dono da obra se encontre na posse da **totalidade** dos locais onde os trabalhos irão decorrer, quando tal situação se afigure inteiramente compatível com o normal desenvolvimento do plano de trabalhos da proposta adjudicada. Isto significa que nenhuma **actividade crítica** do plano de trabalhos é afectada, pelo facto dos locais da obra não serem consignados na sua totalidade, apesar do prazo contratual estabelecido começar a correr.

Nos casos em que esta condição não se encontre assegurada, existem duas opções: ou a consignação é adiada, ou não o podendo ser, a consignação é efectuada, mas é imediatamente suspensa a execução dos trabalhos, lavrando-se o consequente auto de suspensão.

O regime que segue cada consignação, deve constar do projecto de execução, conforme dispõe o n.º 6 do artigo 43.º.

ANOTAÇÕES

1 – **Jorge Andrade Silva** chama a atenção para o facto de a omissão do regime de consignação não vir inserida na lista dos elementos cuja omissão constitui causa da nulidade do contrato conforme artigo 96.º (vg. Nota 2 ao artigo 355.º in Código dos Contratos Públicos Anotado, Almedina 9.ª edição, pág. 961.

2 – **Supremo Tribunal Administrativo,** *vg* Acórdão de 07/06/2011 (Proc. 01020/10)

17 – É obrigatória a existência de Auto de Consignação?

Em qualquer circunstância, é de todo inconveniente e contrário à lei, que que os trabalhos de uma empreitada se iniciem sem existir um acto de consignação, o qual nas obras públicas, tem de assumir a forma de um Auto, conforme determina o artigo 359.º.

No momento da consignação – e porque com esta se inicia o prazo para a execução dos trabalhos, salvo se o plano de segurança e saúde ainda não estiver aprovado, o empreiteiro, além da posse dos locais, haverá de ter em seu poder todas as peças de projecto complementares às que foram patenteadas na fase de concurso ou convite.

No que diz respeito aos procedimentos a tomar para efectivar a consignação, competirá ao dono da obra comunicar ao empreiteiro o dia e hora em que deverá comparecer no local dos trabalhos, para dos mesmos lhe ser dada posse, prevendo a lei no artigo 359.º, quais as consequências da sua ausência.

Numa obra particular, onde a liberdade contratual é mais ampla, do caderno de encargos patenteado terá de constar a antecedência com que tal comunicação é efectuada e prever as consequências, no caso de o empreiteiro não comparecer ao acto de consignação. Normalmente é fixada uma nova data, sendo que se não comparecer e o dono da obra não tiver aceite a justificação ou na falta dela, o contrato caducará, revertendo a caução para o dono da obra (se existir) e podendo – se assim constar do caderno de encargos – o empreiteiro ser responsabilizado pela diferença entre o preço da empreitada no contrato ora extinto e o preço que vier a ser considerado em nova adjudicação.

Sendo o regime de consignação o da empreitada de obra pública, os procedimentos estão regulados na lei e o dono da obra só pode proceder a consignações parciais nos casos indicados no artigo 358.º do CCP ou seja: **a)** quando antes da celebração do contrato, não esteja na posse administrativa da totalidade dos prédios necessários à execução da obra; **b)** quando o período de tempo necessário às operações preparatórias de consignação total e o respectivo adiamento cause grave prejuízo para o interesse público; **c)** quando se verifique uma modificação de tal modo relevante nas condições dos locais que determinem a necessidade de um projecto de alteração; **d)** quando essa necessidade não prejudique o inicio da obra e portanto a contagem do prazo de execução – tendo em conta o que constar do plano de trabalhos contratado, que não pode ser subvertido por decisão unilateral do dono da obra – nas zonas não afectadas por essa contingência.

Finalmente, o Plano de Segurança e Saúde deveria estar aprovado até à data da consignação, uma vez que os trabalhos não podem ser iniciados sem essa aprovação, o que nem sempre acontece e que configura uma má prática de gestão contratual.

18 – Quais as consequências da verificação de modificações nos locais a consignar?

Uma das várias situações que pode conduzir à perturbação do acto de consignação, é a constatação durante o acto de consignação, da existência de alterações nas condições dos locais, em relação às constantes do caderno de encargos patenteado, nomeadamente do projecto de execução que o integra e seus documentos complementares, como sejam os levantamentos e análises de base e de campo ou o estudo ambiental, nomeadamente.

Verificada esta situação, há que decidir sobre se essas alterações nas condições dos locais, são relevantes para o normal cumprimento do plano de trabalhos.

Se as alterações nas condições dos locais implicarem uma alteração do projecto de execução, nesse caso são relevantes e o normal (salvo situações muito excepcionais) implicará também uma das duas alternativas: ou a consignação é adiada ou é realizada, mas a obra suspensa de imediato, total ou parcialmente.

Em qualquer dos casos, uma vez alterado o projecto de execução, deverá o mesmo ser entregue ao empreiteiro com as novas soluções de obra de modo a que este, fundamentadamente, possa propor as alterações ao plano de trabalhos decorrente de tais alterações, que por seu turno, podem ou não, implicar alteração nos prazos parciais de execução de cada espécie de trabalho sem implicação no prazo final, ou implicarem prorrogação do prazo final de execução.

Se as alterações ocorridas não implicarem alterações no projecto de execução e não se apresentarem como suficientemente relevantes para justificarem o adiamento da consignação ou a sua efectivação seguida de suspensão, então a consignação é realizada, fazendo constar do auto, as modificações detectadas e se têm ou não influência no normal desenvolvimento do plano de trabalhos. Em caso de discordância, o empreiteiro deve lavrar a sua reclamação no auto e/ou nos prazos previstos no artigo 345.º.

Em qualquer das situações antecedentes, há que verificar se as modificações detectadas nos locais, são anteriores ou posteriores à situação real dos locais, tal como se apresentavam à data em que foram patenteadas as peças do procedimento.

Se as modificações forem posteriores às existentes à data em que os dados de campo foram facultados ao projectista, não há que proceder a qualquer apuramento de responsabilidade daquele no custo que daí eventualmente ocorra, pois baseou-se nos elementos que lhe foram fornecidos.

Se as modificações nos locais, face ao enunciado nas peças patenteadas, já eram visíveis à data em que os interessados tomaram conhecimento das peças do procedimento, a situação tem de ser objecto de uma outra verificação.

Assim, se as modificações já eram identificáveis na fase de procedimento e essas modificações implicarem a execução de algum trabalho complementar ou o suprimento de algum erro ou omissão que deve ser ordenado, em obra pública terá de aplicar-se o que está legalmente estabelecido quanto à responsabilidade do interessado e concorrente, depois adjudicatário e agora empreiteiro, de acordo com o disposto quanto à obrigação da identificação de erros e omissões sobre " aspectos ou dados desconformes coma realidade", com a "diligência objectivamente exigível em face das circunstâncias concretas", conforme números 1 e 2 do artigo 50.º do CCP.

A identificação destas modificações das condições do local dos trabalhos, só é exigível aos interessados no procedimento, se o programa do procedimento tiver cumprido o disposto no artigo 63.º do CCP, ou seja, que no prazo fixado para a apresentação da proposta seja considerado no caderno de encargos ou no programa do procedimento, a necessidade de prévia inspeção ou visita a locais ou equipamentos – que têm de estar disponíveis para o efeito – por forma a permitir a sua elaboração em condições adequadas e de efectiva concorrência.

De notar que para tal identificação, os interessados só possuem o período do primeiro terço do prazo para apresentação das propostas.

19 – Como se processa a identificação de erros e omissões na fase de consignação?

No domínio da legislação anterior ao CCP , não havendo lugar à identificação de erros e omissões em momento anterior, só a partir da consignação esta exigência podia ser formulada.

No regime de erros e omissões do CCP, a sua identificação (através de inspecção aos locais e análise dos projectos, nomeadamente) tinha e continua a ter *prima facie*, lugar na fase de concurso ou convite e antes da apresentação da proposta.

Os erros e omissões identificados e comunicados ao dono de obra, nessa fase e por este aceites expressamente, já terão de estar enunciados e devidamente valorados na proposta de cada concorrente.

Neste sentido e em teoria, quando o adjudicatário, comparece ao acto de consignação, não teria necessidade de qualquer prazo complementar para verificar erros e omissões.

Mas o numero 4 do artigo 378.º, com a alteração do Decreto-Lei 111-B/2017, passou a prever expressamente essa possibilidade nos 60 dias posteriores à primeira consignação parcial e a Lei 30/2021 mantêm essa possibilidade, embora limitada a situações não possíveis de identificação na fase pré-contratual.

A modificação das condições locais, pode implicar a suspensão do *auto de consignação* ou do *procedimento de consignação*, conforme a terminologia do CCP.

Para o objecto da identificação de erros e omissões, importa sobretudo verificar, em que circunstâncias e em que medida, a modificação ocorrida nas condições dos locais, são ou não susceptíveis de motivar a identificação de novos "erros ou omissões" e as condições do seu suprimento.

As modificações dos locais, têm por conseguinte, de ser relevantes e implicarem alterações no projecto.

Se houver acordo entre dono de obra e empreiteiro quanto a esta situação, a tramitação terá de ser a seguinte: Os trabalhos nem sequer se iniciam, ficando suspenso quanto à totalidade da obra, o prazo para a consignação estipulado no n.º 1 do art. 359.º do CCP.

Não havendo consignação por via desta circunstância (modificação relevante dos locais) só se reinicia a contagem do prazo do n.º 1 do art. 359.º do CCP, quando as alterações ao projecto estiverem concluídas, ficando também suspenso durante este período, o prazo previsto na alínea a) do art. 406.º, ou seja o direito de resolução do contrato por parte do empreiteiro, por não efectivação da consignação decorridos seis meses da data da celebração do contrato.

Uma vez elaborado o projecto de alterações, cabe ao dono da obra solicitar ao empreiteiro os respectivos preços para os trabalhos decorrentes das alterações, aplicando-se o disposto nos artigo 373º e 370.º.

A clausula 22.ª da Portaria 959/2009, de 21 de Agosto, que aprovou os formulários tipo do caderno de encargos, condensa de algum modo o disposto nos artigos 376.º (revogado) e 378.º (modificado) do CCP, no que se refere às obrigações do dono da obra quanto ao fornecimento dos elementos necessários aos trabalhos de suprimento de erros e omissões e às responsabilidades do empreiteiro, em cada caso aplicável.

O que se tem de entender por "todos os elementos necessários para a execução dos trabalhos de suprimento de erros e omissões" a fornecer ao empreiteiro pelo dono da obra (salvo quando o projecto é de concepção do empreiteiro) são as soluções de projecto, desenhos com cotas, e sem margem para dúvidas, assinados pelo projectista como "Bons para Execução".

Não são admissíveis, "esquiços" e "bonecos" ou soluções e desenhos não assinados e não datados. Nestas condições o empreiteiro deve lavrar em acta ou comunicar ao dono da obra, por qualquer meio escrito, que não tem condições para iniciar tais trabalhos.

Acresce que o art. 23.º desta portaria, quando se trata de alterações ao projecto propostas pelo empreiteiro, obriga a que este "apresente" todos os elementos necessários à sua *"perfeita apreciação"*. Então, mandam os princípios da legalidade, boa-fé e proporcionalidade, que a inversa também seja verdadeira.

Não deixa em todo o caso de ser curioso e sobretudo pouco proporcional , que a expressão *"perfeita apreciação"*, só apareça na lei, – nesta portaria e em qualquer das restantes complementares ao CCP, algumas revogadas com a revisão de 2017 – quando se trata de elementos de projecto a apresentar pelo empreiteiro.

Consignação parcial

Nos casos em que apenas é efectuada uma consignação parcial, deve o empreiteiro fazer lavrar no Auto, uma reserva sobre o facto de não lhe tendo sido dada posse dos locais não consignados, sobre estes não poder pronunciar-se para efeito de identificação de erros e omissões.

De facto, o artigo 378.º n.º 4, estabelece que o prazo de 60 dias se conta a partir da consignação total ou da primeira consignação parcial.

Ora, em caso de consignação parcial, não são facultadas ao empreiteiro, na parte não consignada, as mesmas condições para a identificação da necessidade de realização de trabalhos complementares para o suprimento de erros e omissões, em relação aos locais consignados.

O normal e correcto, seria que o artigo 378.º n.º 4 , tivesse estabelecido que o prazo de 60 dias, se contava da data de *cada* consignação parcial, mas não foi essa a opção legislativa e o prazo conta-se da primeira consignação parcial. É mais um lapso do legislador que fere os principios da igualdade e proporcionalidade.

Em todo o caso, formulada a reserva no auto da primeira consignação parcial, para que não estem dúvidas sobre a não aceitação do inicio da contagem do prazo de 60 dias para todo o *perimetro da obra* e portanto em zonas de que não tomou posse, deve o empreiteiro, logo que a posse lhe seja conferida por nova consignação, proceder à identificação de erros e omissões que decorram da realidade física das zonas em causa. Neste caso, no prazo de 30 dias do conhecimento de cada situação, nos termos do n.º 5 do artigo 378.º.

20 – Como proceder em caso de divergências na fase de consignação?

Se o empreiteiro entende no momento da consignação, que existem modificações no local dos trabalhos que integram o previsto no art. 360.º do CCP e o dono de obra entende que não se verifica essa situação, importa analisar como se processa a resolução desta divergência.

Em primeiro lugar cabe ao empreiteiro manifestar a sua posição e transmiti-la ao dono de obra.

Possui varias opções para isso: ou tem a sua posição já definida, e desde logo no momento do auto transmite a reserva que quer apresentar e fá-la constar na totalidade no próprio auto de consignação, ou limita-se a fazer um enunciado genérico do respectivo objecto e apresenta a reclamação por escrito e devidamente fundamentada, no prazo de 15 dias contados da data da assinatura do auto.

Caso o empreiteiro não se aperceba no momento da elaboração do auto, da situação modificativa dos locais e o assine sem qualquer reserva, ainda assim tem dez dias contados da data em que o auto lhe for notificado, para apresentar a reserva ou a reclamação. Mas nestas circunstâncias a reclamação ou reserva têm de ser apresentadas com todos os fundamentos. Tudo isto consta do art. 345.º do CCP.

Perante a reclamação ou reservas formuladas, o dono de obra decide a reclamação ou pronuncia-se sobre as reservas apresentadas e notifica o empreiteiro no prazo de 15 dias a contar da data do auto ou da entrega da reclamação ou da exposição escrita equivalendo o silêncio a deferimento da reclamação ou aceitação da reserva. (n.º 5, art. 345.º do CCP)

Se existir deferimento da reclamação, tudo prossegue como se o dono de obra tivesse ele próprio, identificado as condições modificativas do local que justificava a alteração do projecto e eventualmente a própria suspensão do procedimento de consignação.

Mas a reclamação ou a reserva podem ser indeferidas. Já se sabe que têm de o ser expressamente, pois nesta matéria funciona o deferimento tácito no silêncio do dono da obra.

Uma vez indeferida a reclamação ou a reserva formuladas, terá o empreiteiro que decidir o que, considerando a circunstância concreta, entende mais adequado ao seu interesse.

O empreiteiro deve iniciar os trabalhos nas condições existentes, sem prejuízo de lhe assistir o direito de reclamar autonomamente a "reposição do equilíbrio financeiro por agravamento dos custos de realização da obra." Isto obviamente, se da recusa do dono de obra em proceder à alteração do projecto, em função das modificações das condições dos locais, como o empreiteiro terá reclamado, resultar para este maior dificuldade na execução da obra com um agravamento dos seus custos.

Trata-se por conseguinte duma reclamação autónoma, derivada da mesma situação de facto, mas de conteúdo e objecto diferente.

A reclamação deve ser formulada junto do dono da obra, no prazo de 30 dias contados do evento que que lhe dê causa ou do conhecimento do mesmo pelo empreiteiro.

De notar que o artigo 354 .º foi objecto de alteração, com a introdução de dois novos números, que agora obrigam o dono da obra a pronunciar-se sobre as reclamações em 90 dias, prorrogáveis, por decisão expressa e comunicada ao empreiteiro. O silêncio neste caso, equivale a indeferimento da reclamação.

21 – Quais são as actividades preparatórias e acessórias?

É de todo conveniente que o caderno de encargos estipule, que antes do início da execução dos trabalhos, o empreiteiro proceda à implantação da obra e sua piquetagem a partir das cotas, dos alinhamentos e das referências fornecidas pelo dono da obra.

Estas cotas e referências deverão constar do projecto patenteado e não constando, trata-se de uma omissão, que tanto pode ser detectável na fase pré contratual, como – mais provavelmente – na fase de execução e após a consignação.

Com efeito, após a consignação, o empreiteiro deverá examinar no terreno as marcas fornecidas pelo dono da obra, apresentando como erro ou omissão detectável no prazo de 60 dias após a consignação a identificação de deficiências que encontre e que careçam de suprimento por parte do projectista (artigo 378.º n.º 4). Este suprimento pode ou não implicar custo, sendo que a haver algum encargo a responsabilidade será do dono da obra.

Esclarecidas estas omissões – se as houver- ou não havendo omissão que o impeça- o empreiteiro deve concluir os trabalhos de implantação no prazo referido no seu plano de trabalhos, após o que a fiscalização deverá proceder à verificação das marcas e rectificá-las se for o caso disso. Estas marcas e referências deverão ser conservadas e a sua modificação deve merecer a concordância da fiscalização.

Sem prejuízo daquilo que mais especificamente estiver consagrado no desenvolvimento do Plano de Saúde e Segurança, o caderno de encargos deve ser claro quanto à obrigação do empreiteiro de adoptar as providências e tomar as medidas convenientes para que os trabalhos decorram com segurança, ficando claro que não deve causar prejuízos a terceiros, com o incómodo reduzido ao mínimo possível, actuando o empreiteiro de modo diligente, bem como todos os seus subcontratados.

Isto é, o empreiteiro tem de adoptar todas as medidas e procedimentos na execução dos trabalhos, de modo a evitar danos em obras, prédios, instalações ou vegetação vizinha, sendo todos os custos que resultem deste incumprimento da responsabilidade do empreiteiro.

Se na fase de consignação da obra, as condições locais impedirem ainda que parcialmente, o cumprimento desta obrigação, deve o empreiteiro fazer constar do auto de consignação essa alteração nas condições dos locais, explicitando fundamentadamente, a razão pela qual os trabalhos não podem ser executados, sem com isso causar algum dano em obras, prédios, instalações ou vegetação vizinha.

O caderno de encargos deve prever que o incumprimento pelo empreiteiro destas obrigações de segurança e diligência, pode permitir a suspensão dos trabalhos, sem que assista ao faltoso direito a qualquer prorrogação e até que as medidas correctivas sejam adoptadas.

Do mesmo modo, se por incumprimento de regras de segurança pelo empreiteiro, a obra for suspensa por determinação de autoridade competente, o empreiteiro será responsável por qualquer atraso que disso resulte no cumprimento do prazo contratual.

Posto isto, quais são as actividades correntemente consideradas preparatórias e acessórias?

Em termos gerais, sabe-se até pelos usos e costumes, quais são as que integram o conceito de trabalhos preparatórios e acessórios, que aliás se encontram enunciadas no artigo 350.º do CCP. Apesar disso e de modo a evitar a omissão de actividades, quer no Mapa de Quantidade de Trabalhos, quer na memória descritiva do plano de trabalhos, convém que o caderno de encargos inclua expressamente, seja como trabalho preparatório, seja como trabalho acessório ou como trabalho contratual (e neste caso como item autónomo) as seguintes actividades: implantação e piquetagem; trabalhos necessários para garantir a segurança; construção dos acessos ao estaleiro e aos locais de execução dos trabalhos; montagem e desmontagem do estaleiro; instalação das redes provisórias de serviços públicos; restabelecimento, através de medidas provisórias, de todas as servidões que seja necessário alterar para a execução dos trabalhos , bem como a reposição de serviços afectados; demolições e desmatações; remoção e transporte de produtos de escavação (separadamente a escavação de terreno comum e terreno com resíduos, pois terão preço de transporte a vazadouro diferentes); regularização final do terreno e reposição de condições pré-existentes.

Preparação da obra: pedidos de esclarecimento

O empreiteiro deve elaborar um plano de preparação de obra em função do plano de trabalhos, que deverá ir actualizando á medida da progressão dos trabalhos.

A actividade de preparação da obra é propícia e deve ser utilizada para uma nova análise dos projectos e para a detecção de incompatibilidades até aí não identificáveis.

Caso sejam identificadas anomalias, incompatibilidades ou informações adicionais do dono da obra ou do projectista, devem ser de imediato formulados através dum pedido de esclarecimento.

Note-se que os pedidos de esclarecimento não são um modo de remeter para o dono da obra ou projectista, o encargo de fazer uma análise que cumprirá ao empreiteiro até ao limite das suas competências técnicas. Também não pode nem deve ser usado como um expediente dilatório para ganhar tempo na execução.

Por seu turno, também não é lícito ao projectista, usar a "preparação de obra", para que seja o empreiteiro a completar, suprir ou corrigir incoerências ou omissões dos projectos e da sua compatibilização.

Os pedidos de esclarecimento têm de ter fundamento e a sua resposta em tempo útil – ou seja de modo a que não prejudiquem o exercício de cada actividade no tempo a ela destinada no plano de trabalhos – são um direito e um dever das partes contratantes e não pode ser objecto de utilização para diferente fim, que não seja o esclarecimento.

Preparação da obra: compatibilização de projectos

A fase de preparação de obra é susceptível de detectar algumas incompatibilizações de projectos, nomeadamente a viabilidade da execução de algumas soluções patenteadas e a necessidade de soluções construtivas e técnicas complementares ou alternativas. O empreiteiro deve apresentar essas incongruências, podendo ou não sugerir soluções, mas cabe ao dono de obra a efectiva decisão.

Coloca-se sempre um problema de *modus faciendi,* quando perante a incompatibilidade ou incongruência comunicada, o dono da obra não responde à solicitação do empreiteiro. Nesta situação, o empreiteiro – salvo se estiverem em causa questões de segurança – deve executar a obra de acordo com os elementos que possuiu, comunicando ao dono da obra a sua exclusão de responsabilidade futura por eventual defeito, e uma vez comunicada a situação ao dono da obra e esta não ter merecido qualquer decisão daquele, considerar tacitamente indeferido o pedido de alteração de método, solução ou material. O que não pode, nem deve, é suspender a realização da solução ou do material patenteado, com a invocação de que se encontra pendente uma sugestão ou pedido de decisão do dono de obra sobre uma solução alternativa. As dúvidas e sugestões devem ser colocadas em tempo e respondidas em prazo, que não prejudique o cumprimento do plano de trabalhos.

Preparação da obra: desenhos de pormenorização

No âmbito da preparação da obra cumpre ao empreiteiro elaborar os desenhos - plantas, cortes, alçados, perfis, nomeadamente - de fabrico dos componentes da construção e de montagem com cotas de referência, como auxiliares da execução. Para tanto, efectuam-se levantamentos e medições em obra que visam obter a recolha da informação necessária.

Não há confusão entre desenhos de projecto e desenhos de preparação. Inclusive todos os desenhos usados em obra têm de conter o logótipo do empreiteiro quando são de sua autoria e o logótipo do dono da obra ou do projectista, quando foram por estes elaborados. Os desenhos devem estar datados e cumpre interditar o uso em obra de qualquer desenho não identificado com a sua autoria ou origem.

ANOTAÇÕES

1 - Em boa norma os desenhos de preparação devem conter: Identificação do local e obra; Identificação informática do desenho; designação do desenho; Especialidade do desenho; data da elaboração; N.º sequencial; Designação do autor.

22 - Qual a noção de Estaleiro?

O artigo 350.º do CCP tem uma definição genérica do que se deve entender por trabalhos preparatórios e acessórios de uma empreitada, naqueles se incluindo a montagem, construção, manutenção, desmontagem e demolição do estaleiro (alínea a).

No que se refere ao estaleiro físico, propriamente dito, o artigo 350.º também incluiu como trabalho preparatório ou acessório, os trabalhos de construção dos acessos ao estaleiro e das serventias internas deste (alínea d).

Dizendo respeito, já não apenas ao estaleiro físico, propriamente dito, mas à totalidade da área de execução dos trabalhos, constituem um trabalho preparatório ou acessório, os necessários para garantir a segurança de todas as pessoas que trabalhem na obra, bem como a prevenção de danos em prédios vizinhos e cumprir os regulamentos de segurança, higiene e saúde no trabalho e de polícia das vias públicas (alínea b).

Finalmente os trabalhos preparatórios e acessórios de uma empreitada, contemplam os trabalhos de reposição e restabelecimento de serviços afectados e a reconstituição dos locais no estado em que se encontravam antes do início dos trabalhos, no que se refere à parte que tenha sido usada como serventia para a obra ou por esta tinha sido afectada (alínea c).

Estas incumbências e obrigações estão condensadas numa única disposição, (artigo 350.º) mas referem-se a situações muito diversas e obras muito diferentes e por isso terão de ser objecto de desenvolvimento no caderno de encargos.

Estas actividades diversas, também deveriam ser incluídas na Lista de Preços Unitários, com um grau de densificação, que muitas vezes não é cumprido, dando origem a situações omissas e a dúvidas de interpretação.

Habitualmente a Lista de Preços Unitários dos procedimentos, incluiu um artigo para indicação por valor global da "execução de montagem, desmontagem e manutenção do Estaleiro durante o prazo de execução da obra, cumprindo as normas relativas à Saúde, Higiene e Segurança no trabalho".

Esta opção não se afigura a mais correcta, pois inclui no mesmo preço global, valores que são fixos e não dependentes do prazo da obra, como são a montagem e desmontagem, com outros que podem não ser fixos, como seja a manutenção do estaleiro em caso de prorrogação de prazo.

De facto, se uma obra tiver um prazo contratual de 12 meses e por motivo não imputável ao empreiteiro, tiver uma prorrogação de prazo por exemplo por mais 6 meses, como irá o empreiteiro ser compensado por um custo de manutenção que foi calculado para 12 meses e agora tem de o prolongar por mais 50% do prazo contratual?

Exemplo concreto desta situação é o custo do espaço que o empreiteiro tem de suportar para a instalação da fiscalização da obra. Esta obrigação implica normalmente o aluguer de um módulo ou o arrendamento temporário de um local. No preço apresentado na sua proposta o adjudicatário contabilizou 12 meses de encargo e não mais do que isso.

Para obviar a este desequilíbrio, a forma correcta de inserir o custo do estaleiro na Lista de Preços Unitários, será separar em subartigos autónomos do artigo referente ao estaleiro um subartigo para indicação do preço global para a "execução do estaleiro, montagem, desmontagem, acessos, serventias internas e restantes trabalhos preparatórios e acessórios e outro subartigo, para indicação do custo mensal de "supervisão, manutenção e exploração do estaleiro".

Deste modo, será mais fácil determinar qual o valor a que a este título o cocontratante terá direito, em caso de maior permanência em obra, por motivo que não lhe seja imputável.

III

Plano de Trabalhos

23 – O que é o Plano de Trabalhos?

O plano de trabalhos da proposta adjudicada é a peça fundamental do contrato de empreitada. Não sendo o contrato de empreitada um mero contrato de resultado, é através do cumprimento do plano de trabalhos que é verificado o desempenho de ambas as partes na execução do contrato.

O plano de trabalhos é sempre um documento previsional. Quer o plano de trabalhos apresentado com a proposta, quer o próprio plano de trabalhos ajustado à consignação, são contingentes em relação a futuras alterações das circunstâncias que presidiram à sua elaboração e a incidentes vários no decurso da execução do contrato.

O artigo 361.º do CCP, estabelece que o plano de trabalhos se destina "com respeito pelo prazo de execução da obra, à fixação da sequência e dos prazos parciais de execução de cada uma das espécies de trabalhos previstas e à especificação dos meios com que o empreiteiro se propõe executá-los."

Mais concretamente, o plano de trabalhos terá de conter e explicitar com fundamento e modo de credibilizar o prazo final e os prazos parciais da sua proposta, quais os meios humanos e de equipamento com que se propõe cumprir esses prazos.

Além destas informações, o plano de trabalhos, terá de ser acompanhado por um plano de pagamentos – documento que sempre fez parte integrante do plano de trabalhos na obra pública até 2021 – mas com a alteração ao CCP operado pela Lei 30/2021, passou a constituir um documento autónomo, embora necessariamente conjugado com o plano de trabalhos.

Podemos, pois, dar por assente, que o plano de trabalhos de uma obra, constitui um documento com a previsão do desenvolvimento dos trabalhos, quantificado no tempo, com a evidenciação da sequência de execução das actividades e espécies de trabalho previstas no projecto de execução da obra, com os meios humanos, materiais, equipamento e custo inerentes.

Existem vários métodos para a apresentação do plano de trabalhos, como o PERT (Program Evaluation and Review Technique); CPM (Critical Path Method); Gantt; Project etc.

Seja qual for o método adoptado, o qual é aliás muitas vezes definido no caderno de encargos, o plano de trabalhos deve conter todas as actividades devidamente ligadas, as respectivas durações e (eventuais) folgas e muito concretamente definir um *caminho crítico* lógico.

A data de finalização de todas as actividades do *caminho crítico*, podem inclusive ser vinculativas e o seu incumprimento estar sujeito a sanções contratuais, conforme estiver previsto no caderno de encargos.

Existem publicadas suficientes decisões dos tribunais superiores de jurisdição administrativa sobre o plano de trabalhos, derivadas essencialmente de recursos em sede de procedimentos urgentes, de certo modo, os únicos que são decididos com alguma celeridade por estes tribunais.

Assim, como jurisprudência importante sobre o plano de trabalhos da empreitada de obra pública, importa referir os insertos nas notas:

ANOTAÇÕES

1 – O Acórdão do **Supremo Tribunal Administrativo** de 14/6/2018 (0395/18) refere que: *«No procedimento de formação de um contrato de empreitada, as exigências do artigo 361.º do CCP (plano de trabalhos) devem ser lidas em conjugação com o disposto no artigo 43.º do CCP (caderno de encargos do procedimento de formação de contratos de empreitada)». "Note-se que o "plano de trabalhos" não visa assegurar o comprometimento dos concorrentes à realização de todas as espécies de trabalho tidas como necessárias para a execução da obra. Se assim fosse, a sua especificação teria aí, obviamente, que ser "completa" e "detalhada". Mas este é o objetivo do "projeto de execução" a que os concorrentes têm que aderir através da "declaração de aceitação do conteúdo do Caderno de Encargos". Daqui que, nos termos do n.º 1 do art.º 43.º, «o caderno de encargos do procedimento de formação de contratos de empreitada de obras públicas deve incluir um projeto de execução» e que, nos termos do n.º 4, o projeto de execução deve ser acompanhado, para*

além de «uma descrição dos trabalhos preparatórios ou acessórios», de «uma lista completa de todas as espécies de trabalhos necessárias à execução da obra a realizar». Desta forma, se o "plano de trabalhos" é adequado ao controlo da sequência e ritmo/prazos de execução da concreta empreitada em causa por parte do dono da obra, seria incoerente concluir que o mesmo viola uma norma cuja "ratio legis" é, precisamente, a de permitir esse controlo por parte do dono da obra. Apenas um infundado formalismo e não, já, uma razão substancial o justificaria."

2 – O **Acórdão do Supremo Tribunal Administrativo, de 14.07.2022, proc. 0627/20. 4BEBAVR**, disponível em www.dgsi.pt, considera que: *I – Da conjugação dos arts. 43.º n.º 4 b), 57.º n.º 2 b) e 361.º n.º 1 do Código dos Contratos Públicos* ***não resulta a imposição, para todos os casos, de um nível único de detalhe do "plano de trabalhos" (e de pagamentos, de equipamentos e de mão-de-obra),*** *a apresentar com as propostas em procedimentos de formação de contratos de empreitada de obras públicas, designadamente que exceda o necessário para assegurar o objetivo legal ("ratio legis") de permitir um adequado controlo, por parte do dono da obra, da execução da empreitada concretamente em causa, tal como fixado quanto ao seu ritmo e sequência e meios utilizados.* Este recente Acórdão do STA, ao mesmo tempo que perfilha posição diferente, tem o cuidado de enquadrar este entendimento com a fundamentação daquele Acórdão de 14.06.2018, conforme segue: (...) *Como já este STA reconheceu em anteriores Acórdãos citados nos presentes autos, a questão do cumprimento da exigência, formulada nos artigos 57.º n.º 2 b) e 361.º n.º 1 do CCP, quando, como é regra nos procedimentos de formação de contratos de empreitada, o caderno de encargos seja integrado por um projeto de execução, não é uma questão nova na jurisprudência recente deste STA. Aparentemente, poderá considerar-se que esta jurisprudência não tem sido constante, pois que tanto tem confirmado a exclusão de propostas em resultado de apresentação de "planos de trabalho" considerados como insuficientemente detalhados (v.g., Acórdãos de 14/6/2018, proc. 0395/18, e de 7/4/2022, proc. 01513/20 – linha confessadamente seguida pelo Acórdão TCAN recorrido), como tem confirmado a não exclusão de propostas que, embora admitindo que não sejam exaustivamente detalhadas, se julga que cumprem, ainda assim, o objetivo legal de permitir um controlo da execução da empreitada, bem como asseguram o nível de detalhe exigido nos respetivos documentos concursais (v.g., Acórdãos de 3/12/2020, proc. 02189/19, e de 27/1/2022, proc. 0917/21). Esta aparente inconstância – para além da relevância atribuída à circunstância de, nuns casos, o plano de trabalhos estar previsto como um "atributo" da proposta (submetido, pois, à concorrência) e, noutros*

casos, não – é, porém, a nosso ver, um resultado das características próprias de cada caso, uma vez que consideramos que a lei não prevê, nem conseguiria prever, nomeadamente no artigo 361.º n.º 1 do CCP, um formulário-tipo, único para todos os procedimentos pré-contratuais referentes a empreitadas de obras públicas, atendendo às características próprias de cada uma, e à diversidade de empreitadas em causa, quer quanto à sua dimensão e importância relativa, e inerentes custo envolvidos, quer sobretudo à sua maior simplicidade ou complexidade e inerentes necessidades de grau de decomposição das operações materiais que as integram. Daqui que fosse impossível prever um modelo de "plano de trabalho" que fosse adequado e apropriado a todo o tipo de espécies e características de obras públicas a empreender em todas as empreitadas. Como é impossível, ou irreal, querer submeter todos os casos a um mesmo "plano de trabalhos" como crivo/modelo para avaliar da suficiência de detalhe e da adequação dos planos de trabalho de todos os casos concretos. É, pois, uma decorrência lógica desta realidade a conclusão constante do Acórdão deste STA de 27/1/2022 (0917/21), já acima citado, que «tanto o n.º 1 do artigo 361.º como a alínea b) do n.º 4 do artigo. 43.º, ambos do CCP (...) o que exigem, apenas, é que o plano de trabalhos contenha uma lista completa de todas as espécies de trabalhos necessários à execução da obra e a especificação dos meios com que o empreiteiro se propõe executá-las, sem impor o respetivo nível de detalhe». E, na verdade, não só como já dissemos, não seria possível ou realista prever, legalmente (designadamente, no artigo. 361.º n.º 1 do CCP) um formulário-tipo que fosse adequado às necessidades de todas as diferentes empreitadas, como sempre essa tentativa pecaria, em praticamente todos os casos, como desadequada, fosse por excesso fosse por insuficiência. Se a previsão legal da necessidade de apresentação de um "plano de trabalhos" tem um objetivo, será através da compreensão desse objetivo que poderemos melhor ajuizar das pautas de exigência para o cumprimento desse dever legal. Na verdade, não se exige, no caso de procedimentos concursais relativos a empreitadas de obras públicas, que os concorrentes apresentem com as suas propostas um plano de trabalhos por mero formalismo. Esta exigência legal é feita porque corresponde a uma necessidade real que cumpre satisfazer. (sublinhado nosso)

3 – No **Acórdão do Supremo Tribunal Administrativo** de 7/4/2022 (Proc. 01513/20), em concordância com o Acórdão do STA de 14/6/2018 (0395/18): *«As exigências do artigo 361.º não são apenas de natureza formal, ainda encontram o seu fundamento em aspetos materiais relacionados quer com a correta avaliação das propostas quer com a futura execução do contrato».*

4 – Do **Acórdão do Tribunal Central Administrativo do Norte, de 28.01.2022, proc. 00796/20.3 BEPNF**, disponível em www.dgsi.pt, também

em linha com este entendimento do Supremo Tribunal Administrativo, cumpre registar o seguinte: "*I- O plano de trabalhos (em sentido estrito e amplo) cumpre o artigo 361.º quando contenha a indicação (i) dos prazos parciais de execução de cada espécie de trabalho prevista e respetiva sequência, (ii) a especificação dos meios com que o empreiteiro se propõe executar os trabalhos, e (iiI) a definição do correspondente plano de pagamentos. II-O plano de trabalhos em sentido estrito apresentado pela contrainteressada adjudicatária* ***ainda que não tenha feito um copy paste do projeto de execução, indo ao nível mais primário da desagregação, apresenta todas as espécies de trabalhos previstas no projeto de execução e indica os prazos parciais de execução de cada espécie de trabalho prevista e respetiva sequência****; os planos de mão-de-obra e de equipamentos descriminam os meios a afetar á execução da empreitada, e as horas semanais a realizar por cada um desses meios; comparando/confrontando os prazos parciais de execução das espécies de trabalhos indicadas e sequenciadas no plano de trabalhos em sentido estrito com os meses e semanas indicados nos planos de mão-de-obra e de equipamentos é possível saber em relação a cada um desses meios quais os que serão alocados a cada uma das espécies de trabalhos indicadas no plano de trabalhos; Mais foi apresentado o correspondente plano de pagamentos. III- Desta forma o referido plano de trabalhos em sentido amplo (permite á entidade adjudicante a fiscalização e acompanhamento eficaz dos trabalhos de execução da empreitada, e o cumprimento do regime substantivo do contrato de empreitada, nomeadamente para aplicação de eventuais sanções contratuais por incumprimento de prazos contratuais, de prorrogações do prazo de execução e de outros aspetos relacionados com eventuais trabalhos a mais. IV – Mostra-se cumprido o artigo 361.º do CCP, inexistindo causa de exclusão da recorrida CI, a qual, no caso, a verificar-se seria a resultante da al. f) do n.º 2 do artigo 70.º do CCP.* No desenvolvimento: "*(...) Sendo que importa não esquecer que não é exigível um nível de detalhe que vá ao nível mais primário da desagregação, compreendendo, por exemplo, subartigos de trabalhos que se integram numa mesma tarefa ou num conjunto de tarefas interdependentes.*" (sublinhado nosso)

5 – Para além desta jurisprudência importa referir os seguintes; Acórdão do STA de 27/01/2022 (Proc. 0917/21.9 BEPTR); Acórdão do STA de 09/04/2021 (Proc. 01719/20.5BEPTR); o Acórdão do TCAN de 09/06/2017 (Proc. 00218/16.4BELRA) e o Acórdão do TCAN de 05/06/2015 (Proc. 475/14.0 VIS)

6 – Licínio Lopes Martins, Alguns aspectos do contrato de empreitada de obras públicas no Código dos Contratos Públicos, Estudos de Contratação Pública II

24 – O que é o Plano de Trabalhos Ajustado?

O plano a considerar até ao seu ajustamento, nos termos e com as limitações da lei, é o plano de trabalhos da proposta adjudicada e nenhum outro. É a esse que as partes estão vinculadas e é esse que têm de cumprir. O plano de trabalhos ajustado ao plano final de consignação, não pode "implicar a alteração do preço contratual, nem a alteração do prazo de execução da obra, nem ainda proceder a alterações aos prazos parciais definidos no plano de trabalhos constante do contrato, para além do que seja estritamente necessário à adaptação do plano de trabalhos ao plano final de consignação." (artigo 361.º n.º 4)

Importa, pois, definir o que pode "caber" em sede de alterações a introduzir no plano de trabalhos ajustado, que se afigure necessário face às condições do plano final de consignação, não violando as limitações constantes do artigo 361.º n.º4, que visam assegurar a estabilidade da proposta do adjudicatário e salvaguardar os princípios da concorrência, uma vez que foi o plano de trabalhos da proposta do adjudicatário que foi submetido a concurso e não outro.

Como já referido atrás, o ajustamento do plano de trabalhos ao plano final de consignação tem as limitações constantes do n.º 4 do artigo 361.º, nomeadamente não pode alterar os prazos parciais definidos no plano de trabalhos constante do contrato, para além do que seja estritamente necessário à adaptação do plano de trabalhos ao plano final de consignação.

Saber o que se pode seriamente considerar como "estritamente necessário" é o que cumpre definir, de modo a não subverter o plano da proposta adjudicada, nem a boa execução da obra nas condições reais em que esta se irá desenvolver após a consignação. Trata-se, pois, de encontrar um balanço adequado entre os dois desideratos.

Ajustamentos necessários

Podemos dar por assente, que estes "ajustamentos" se podem agrupar em dois tipos: os que não estão expressamente previstos no CCP e aqueles que expressamente o estão.

Entre os ajustamentos possíveis de efectuar no plano de trabalhos ajustado aquando da consignação e que não estão expressamente previstos, mas que se enquadram no conceito de "estritamente necessário", encontram-se pelo menos estes:

Em primeiro lugar a possibilidade de correções ao *caminho crítico* do plano de trabalhos. O dono da obra tem obrigação de presumir que as actividades do *caminho crítico* não contemplam *folgas* (por isso mesmo o nome indica que é *crítico*). Se o empreiteiro tem ou não folgas nas actividades críticas do plano de trabalhos da proposta adjudicada é assunto de reserva sua e veremos noutro momento as consequências deste direito do empreiteiro.

No entanto há algo que o dono de obra pode questionar e em consequência ajustar no caminho crítico. Não tem a ver com o prazo de cada actividade, mas com a efectiva natureza crítica de cada actividade, estar ou não evidenciada no plano de trabalhos. Mais concretamente pode fazer parte do ajustamento do plano de trabalhos, proceder a ligações de actividades críticas com as subsequentes se isso não constar no plano, ou ao invés, corrigir a natureza de actividades inseridas como críticas, quando de facto não o são. Estas correções são de enorme relevância, quando mais tarde o plano de trabalhos tenha de ser modificado por várias circunstâncias e a modificação vai ser efectuada sobre o que consta do plano ajustado e não mais sobre o plano da proposta. O momento para operar estas correções é efectivamente o da consignação e muitas vezes isso não é tido em conta na obra pública, com consequências perniciosas na regular apreciação do desenvolvimento futuro dos trabalhos.

Também podem e devem verificar-se alterações aos prazos parciais definidos no plano de trabalhos constante do contrato, por serem estritamente necessárias à adaptação do plano de trabalhos ao plano final de consignação, quando exista um desfasamento entre as condições climáticas previstas em projecto para as actividades iniciais da obra e aquelas que se verificam no momento em que efectivamente a consignação ocorre.

A relevância deste desfasamento é mais notória nas obras de infraestruturas, mas também ocorre nas obras de edifícios, se as escavações e contenções previstas para uma estação seca, vierem, por via do momento da consignação, a ocorrer de facto, numa estação de chuvas. Apesar de toda a relatividade da meteorologia, por indicação do projectista ou pelos usos e costumes, é normal considerar que certas actividades devem executar-se nas condições tendencialmente mais favoráveis. Se o plano de trabalhos da proposta está elaborado no pressuposto dessas condições e elas não se verificarem, pode ser ajustado – por acordo – o plano de trabalhos a essa circunstância, refazendo o momento em que actividades de alguns prazos parciais se vão desenvolver, sem com isso alterar o prazo final da obra ou a duração de cada prazo parcial.

Se de facto as condições de execução se deteriorarem, de modo a que implicam impossibilidade de cumprimento de prazos parciais com influência negativa na possibilidade de cumprir o prazo final, pode o empreiteiro suspender a execução dos trabalhos, com invocação de falta de condições de segurança, se a adversidade climática impedir o desenvolvimento das actividades planeadas.

Cumpre esclarecer, que **não se deve confundir impossibilidade com maior dificuldade**. A maior dificuldade por adversidade climática é um risco do contrato e a quebra de rendimento nessas circunstâncias, terá de ser compensada com aceleração de outras actividades subsequentes, cujo encargo tem de ser suportado pelo empreiteiro.

Verificando-se impossibilidade, então nesse caso, haverá o direito a suspensão da execução e a consequente prorrogação do prazo final, se a impossibilidade se verificar em actividade do caminho crítico da empreitada ou até não crítica, desde que encostada no plano, à fase final dos trabalhos.

Ajustamentos previstos na lei

Para além destas situações não expressamente previstas no regime de consignação, mas de todo o modo revelantes para um ajustamento do plano de trabalhos, constam da lei e estão expressamente previstas, outras situações que implicam o ajustamento do plano de trabalhos.

Uma destas situações verifica-se quando o dono da obra, podendo, decida proceder a consignações parciais, por não estar na posse administrativa da totalidade dos prédios.

Não querendo ou não lhe sendo possível por via nomeadamente do cumprimento do prazo de 30 dias que a lei lhe impõe para tal acto, conforme n.º 1 do artigo 359.º, o dono da obra procede a uma consignação parcial nos termos da alínea a) do n.º 1 do artigo 358.º.

Como condição indispensável para a possibilidade de consignação parcial , sem alteração do prazo final, a parte dos locais que o dono da obra pode consignar, terão de coincidir com os locais em que se irão desenvolver as primeiras actividades do caminho crítico da empreitada, no pressuposto que, quando as subsequentes actividades do caminho crítico se tiverem de executar em locais que ficaram fora da primeira consignação, estarão disponíveis e consignadas. Se o dono da obra não lograr obter a posse dos locais em tempo útil ao normal desenvolvimento do plano de trabalhos, a execução é suspensa e o prazo final prorrogado pelo menos pelo tempo proporcional â suspensão, com custos a encargo do dono da obra.

Admitindo que os locais em que se irão desenvolver as primeiras actividades do caminho crítico da empreitada, são locais disponibilizados na primeira consignação parcial, o ajustamento do plano de trabalhos sobre actividades não críticas, que não possam desenvolver-se em zonas indisponíveis, poderão ser executadas em momento diferente do previsto no plano de trabalhos da proposta, sem prejuízo para qualquer das partes e sem afectar o prazo final.

A lei também prevê expressamente na mesma disposição, mas na alínea b), que possa ocorrer uma consignação parcial quando o período de tempo necessário às operações preparatórias da consignação total sob responsabilidade do dono da obra, impossibilite o início da execução dos trabalhos no momento projectado por este e o respectivo adiamento cause grave prejuízo para o interesse público.

Esta disposição encontra-se redigida na lei de modo algo confuso e contém várias condições inteiramente diversas na mesma norma, ficando por saber se são cumulativas.

Assim, não é perceptível a necessidade de mais "tempo necessário" para o dono da obra efectuar as operações preparatórias da consignação, quando entre a assinatura do contrato e o momento da consignação podem distar 30 dias. Também não é perceptível o que se deva entender por "momento projectado por este" para o início da execução dos trabalhos. Na verdade, o "momento do início da execução dos trabalhos" é o momento da aprovação do Plano de Segurança e Saúde (PSS) e todos os restantes "momentos" anteriores, estão determinados por prazos máximos previstos na própria lei ou no caderno de encargos.

Quanto ao facto de o adiamento causar "grave prejuízo para o interesse público", se isso se verificar, a responsabilidade é seguramente da entidade adjudicante, que de algum modo deixou derrapar o prazo para a consignação total, não logrando efectuar as operações preparatórias de consignação antes de atingir o limite do prazo legal constante do n.º 1 do artigo 359.º.

O ajustamento ao plano de trabalhos, por este motivo, segue no essencial o que já atrás ficou referido, para os casos de falta de posse administrativa dos locais.

Modificações relevantes nos locais

O plano de trabalhos também poderá ser objecto de ajustamento, se perante a existência de modificação relevante das condições dos locais face às condições patenteadas que impliquem alteração do projecto, o dono de obra entender ser possível iniciar os trabalhos, paralelamente às alterações a efectuar, quando for o caso de o projecto de alterações não afectar todas as zonas da obra. Nesta situação, em alternativa a suspender a contagem do prazo de 30 dias para a consignação, pode efectuar uma consignação parcial, mais uma vez sem afectar o prazo final da empreitada.

Para optar por esta alternativa- ao invés da mais prudente suspensão da contagem do prazo de 30 dias para a consignação – o dono da obra optar pela consignação parcial, tem de se assegurar que as zonas da obra que não irão ser disponibilizadas, ou não fazem parte do caminho crítico da empreitada, ou fazendo, o momento de intervenção nessas zonas é suficientemente dilatado no plano de trabalhos, que permita ao projectista, elaborar o projecto de alterações, entregar os elementos de solução de obra ao empreiteiro; obter preços novos pelo empreiteiro e decidir; mobilizar equipamentos não previstos, se for o caso e formalizar as ordens de execução de trabalhos complementares. Convenhamos que ou as alterações nos locais necessitam de um projecto de alterações, mas de natureza relativamente simples, ou a não ser assim, será certamente melhor decisão optar pela suspensão. Na primeira opção inicia-se a obra mais cedo, mas o risco de incumprir o prazo contratual é real. Na segunda opção a obra inicia-se mais tarde, mas a possibilidade de cumprir o prazo de execução será mais segura.

Quando o projecto de alterações for entregue ao empreiteiro e toda a panóplia de actos subsequentes estiverem completos, o empreiteiro terá de entregar um novo plano de trabalhos, neste caso um plano de trabalhos modificado, que reflita as alterações entretanto introduzidas no projecto de execução, salvo se essas alterações não tiverem consequências no prazo e no momento inicialmente previsto para o seu início no plano de trabalhos.

Nesta circunstância, se as alterações ao projecto alterarem o caminho crítico da empreitada, tal implicará a prorrogação do prazo final e possível direito a reequilíbrio financeiro pelo empreiteiro, se do projecto de alterações resultar maior dificuldade na execução da obra, com agravamento dos encargos do empreiteiro, salvo se estes forem compensados pelo próprio valor dos trabalhos complementares, que reponham o equilíbrio financeiro da proposta.

Se perante a necessidade de alterações ao projecto, o dono de obra optar por não efectuar a consignação – enquanto as novas soluções de obra se encontram em elaboração – quando as mesmas são entregues ao empreiteiro, este ainda não iniciou os trabalhos, porque a consignação esteve suspensa e nesse caso, salvo se as alterações ao projecto forem muito impactantes no prazo, menos difícil se tornará ajustar o plano de trabalhos, de modo a garantir o prazo contratual mesmo com as alterações efectuadas.

De facto, não se encontrando o empreiteiro a desenvolver a sua actividade enquanto o projecto é revisto, a possibilidade de vir a requerer um reequilíbrio financeiro é muito escasso.

Acontece com frequência, nos casos em que é necessário visto prévio do Tribunal de Contas, o contrato conter uma disposição que reenvia para a consignação para a data em que o visto é obtido, que muitas vezes ultrapassa largamente o prazo de 30 dias. Em abstracto, daqui não resulta maior encargo para o adjudicatário (em situação normal) uma vez que a revisão de preços tem como referencial a data da proposta e não a data da consignação.

Mas outros problemas podem suceder que obriguem ao ajustamento do plano de trabalhos.

Entre estes, ressalta em determinado tipo de obras, nomeadamente de infraestrutura ou estradas, que a circunstância factual de se poder transitar a possibilidade de início dos trabalhos, para uma data inteiramente diferente, daquela que teria ocorrido, se a consignação se tivesse realizado no prazo legal, altera a possibilidade de executar o plano de trabalhos como previsto na proposta.

Isto ocorre por exemplo quando as primeiras actividades do plano de trabalhos, são actividades cujo rendimento previsto na proposta adjudicada, apenas é possível de garantir em tempo seco ou com pouca pluviosidade. Para fundamentar este condicionamento é importante que na memória descritiva do plano de trabalhos da proposta o adjudicatário tenha feito referência a esse pressuposto. Nestas situações, ou o plano de trabalhos pode ser ajustado, com alterações de precedências do caminho crítico, ou não sendo possível, restam duas hipóteses: adiar a consignação ou, não já ajustar, mas sim modificar o plano de trabalhos, inclusive com alteração do prazo de execução nos termos e com as limitações da alínea b) do artigo 312.º, se outra solução não se mostrar viável.

ANOTAÇÕES

1 – **Miguel Assis Raimundo,** Estudos sobre Contratos Públicos, AAFDL, 2010

25 – Quando há lugar à suspensão dos trabalhos?

Um dos pressupostos gerais de suspensão dos trabalhos por ordem do dono da obra, é a verificação da necessidade de estudar alterações a introduzir no projecto, conforme alínea b) do artigo 365.º.

Esta necessidade pode ter várias causas e ocorrer em diferentes fases da execução dos trabalhos.

A primeira circunstância pode ocorrer logo no momento da consignação, quando se verifique uma modificação relevante das condições locais existentes por comparação com os elementos de solução de obra ou com os dados que serviram de base à sua elaboração. (artigo 360.º n.º 1).

Nesta situação pode o dono da obra proceder à suspensão da consignação, com as consequências previstas nos artigos 359.º e 360.º.

Se o dono da obra entender que a consignação parcial é possível, apesar da necessidade de proceder a alterações ao projecto e o empreiteiro discordar dessa opção, por considerar que as modificações dos locais o impedem – pelas razões que o empreiteiro considerar justificadas – de sequer iniciar os trabalhos sem a alteração ao projecto lhe ser entregue, só restará o empreiteiro o recurso à suspensão dos trabalhos, com invocação do previsto na alínea a) do art. 297º.

Se o dono da obra insistir no inicio dos trabalhos, salvo se estiverem em causa questões de segurança, deve o empreiteiro cumprir a ordem e nesta situação, entendendo o empreiteiro que lhe assiste razão, deve então no prazo máximo de 30 dias contados do indeferimento da reclamação, apresentar requerimento, no qual alegue qual ou quais os factos da responsabilidade do dono da obra, que lhe criaram maior encargo e expor os fundamentos de facto e de direito.

Deve oferecer logo os documentos e outros meios de prova pertinentes, entre os quais a documentação produzida, durante a fase da primitiva reclamação e apresentar a natureza e estimativa dos custos adicionais em que entende ir incorrer em função da modificação dos locais da obra, ainda que não tenha de liquidar antecipadamente toda a sua extensão.

Este prazo é um prazo de caducidade, pelo que a inexistência de reclamação dentro do mesmo, faz precludir o direito. Tudo isto vem plasmado no art. 354.º do CCP.

A segunda circunstância pode ocorrer até aos 60 dias posteriores à consignação, quando o empreiteiro entregar a lista de erros e omissões em cumprimento do n.º 4 do artigo 378.º e daí for claro concluir, que o projecto tem de ser alterado, com necessidade de suspensão, parcial ou total da execução da obra.

A terceira circunstância, ocorre quando durante a execução dos trabalhos o empreiteiro identifica e comunica a identificação de erros e omissões, cujo suprimento implique alterações de projecto que requeiram a suspensão, parcial ou total da execução da obra.

Se dono da obra e empreiteiro discordarem dessa necessidade de suspensão, o empreiteiro terá de agir do mesmo modo que agiria, se esta divergência ocorresse no acto de consignação, conforme atrás exposto.

A obra pode igualmente ser suspensa por iniciativa do dono da obra, para nomeadamente proceder a alterações ao projecto, ainda que estas alterações não resultem de qualquer erro ou omissão comunicada pelo empreiteiro,

Outra circunstância em que pode ocorrer a necessidade de suspender a execução dos trabalhos, é a falta de condições de segurança, conforme se encontra previsto nos artigos 365.º e 366.º do CCP.

Na avaliação das condições de segurança, as partes contratantes devem nortear as suas posições pelos princípios gerais da actividade administrativa, nomeadamente neste particular nos princípios da boa administração, igualdade, proporcionalidade, razoabilidade e boa-fé.

De facto, e como mero exemplo, replicável em idênticas situações, se as condições atmosféricas com tempo chuvoso, não permitem em condições de segurança a execução de determinadas actividades devido á saturação dos solos, ao risco de deslizamentos e desmoronamento dos terrenos a montante ou jusante, com risco de soterramento de máquinas e trabalhadores, é de elementar bom senso que essas frentes de trabalho terão de ser suspensas. Se as actividades forem actividades críticas, isso poderá ter consequências no cumprimento do prazo final da obra, não se devendo por esse evento responsabilizar, nem o dono da obra, nem o cocontratante, salvo se tal circunstância tiver ocorrido, apesar de previamente alertada pelo empreiteiro e for ignorada pelo dono da obra.

É aliás habitual em obras de infraestruturas ou que comportem actividades de escavação e contenção de terrenos, as peças escritas do projecto de execução contenham uma norma ou directiva como seja que *"Os trabalhos de terraplanagens e abertura de fundações dos muros deverão ter lugar durante a época seca e o mais rapidamente possível, com o objetivo de minimizar os riscos de erosão, amolecimento e descompressão exagerada dos solos."*

Quando a realidade, comprovada pelos registos meteorológicos publicados, ilustram esta falta de condições e atento o disposto na alínea a) do n.º3 do artigo 366.º do CCP, deve proceder-se à suspensão dos trabalhos até que as condições meteorológicas permitam a sua execução, com cumprimento das regras de segurança legalmente estabelecidas.

Para além destas situações, o dono da obra pode sempre ordenar a suspensão da execução dos trabalhos, por determinação vinculativa ou recomendação tida como relevante de quaisquer autoridades administrativas competentes, conforme dispõe o artigo 365.º n.º 3. Neste último caso, o cocontratante tem direito a ser ressarcido do prejuízo causado pela suspensão, nomeadamente pelos custos decorrentes da imobilização de mão de obra e equipamento.

A suspensão será sempre lavrada em Auto, acto que é da responsabilidade e cabe ao dono da obra praticar.

ANOTAÇÕES

1 – Sempre que se verifique atraso por caso de força maior ou imputável ao dono da obra, o empreiteiro deve submeter à aprovação do dono da obra um novo plano de pagamentos reajustado, que serve de base ao cálculo da revisão de preços dos trabalhos por executar. (artigo 14.º n.º 1 do Decreto-Lei 6/2004 republicado em 18 de Agosto de 2021)

26 – Em que condições pode o dono da obra proceder à suspensão dos trabalhos?

Em boa verdade o dono de obra pode suspender a execução dos trabalhos sempre que o entender, no âmbito dos seus poderes como contraente público, nomeadamente os estabelecidos no artigo 302.º do CCP, integrando-se a suspensão dos trabalhos nos poderes de "modificar unilateralmente as clausulas respeitantes ao conteúdo e ao modo de execução das prestações previstas no contrato por razões de interesse público, com os limites previstos no presente Código" (alínea c) do artigo 302.º). As "razões de interesse público", são declaradas através de resolução fundamentada e independentemente de serem ou não reais "razões de interesse público", o facto é que a suspensão opera de facto de modo imediato.

Em todo o caso, para além do que possa resultar da natureza do contrato ou da lei, o CCP inclui algumas situações concretas explicitando os casos em que o dono da obra pode ordenar a suspensão da execução dos trabalhos. Estão enunciados no artigo 365.º e são: a) falta de condições de segurança; b) verificação da necessidade de estudar alterações a introduzir ao projecto; c) determinação vinculativa ou recomendação tida como relevante de quaisquer autoridades administrativas competentes.

A causa de suspensão dos trabalhos mais frequente, é a necessidade de estudar, melhor dito, proceder a alterações ao projecto, em virtude das deficiências do projecto patenteado no procedimento.

A suspensão dos trabalhos por iniciativa do dono da obra – salvo quando as causas que a motivam sejam imputáveis ao empreiteiro – confere direito à prorrogação dos prazos, parciais ou finais consoante as actividades que estiverem suspensas e direito a indemnização ao empreiteiro nomeadamente pelos custos associados à paralisação.

Da suspensão deve sempre ser lavrado auto, como dispõe o artigo 369.º, bem como do seu levantamento, quando findarem as causas que o motivaram, de modo a serem introduzidos no plano de trabalhos as alterações nas actividades que decorrem do período de suspensão.

27 – Em que condições pode o empreiteiro proceder à suspensão dos trabalhos?

O empreiteiro pode proceder à suspensão dos trabalhos, tal como o dono da obra, por falta de condições de segurança, independentemente de as causas serem imputáveis ao próprio empreiteiro, ao dono da obra ou a terceiros. A suspensão por estes motivos é uma obrigação imediata, devendo as responsabilidades ser apuradas durante o período de suspensão ou mesmo depois das causas cessarem.

Se a urgência for incompatível com a previa comunicação escrita, pode operar de imediato através de comunicação verbal formalizada por escrito nos cinco dias posteriores.

Para operar a suspensão por estas razões, terá o empreiteiro de notificar o dono da obra, para ser lavrado o auto de suspensão e não o fazendo o dono da obra, deve o empreiteiro lavrar documento equivalente, se possível com a presença de testemunhas e nesse caso, notificar do facto não só o dono da obra, como as autoridades competentes, consoante a causa da suspensão.

O empreiteiro também pode suspender a execução dos trabalhos por falta de pagamento pelo dono da obra, de quantias devidas nos termos do contrato, mas neste caso seguindo os procedimentos previstos no artigo 366.º do CCP.

Acresce que o empreiteiro pode ainda suspender a execução dos trabalhos, se ocorrer impossibilidade temporária de cumprimento do contrato, designadamente em virtude de mora do contraente público na entrega ou disponibilização, de meios ou bens necessários à respetiva execução, conforme alínea a) do artigo 297.º do CCP.

Esta última situação pode ocorrer, sempre que o dono da obra se encontra em mora na entrega de elementos de solução de obra ou equipamentos fornecidos pelo dono da obra previstos no caderno de encargos e obrigatórios, por indispensáveis, para a execução dos trabalhos.

Os elementos de solução de obra referidos na lei são "elementos de projeto necessários à sua completa definição e execução", por conseguinte, *esquiços, sugestões ou indicações verbais,* não preenchem este requisito da lei, conforme n.º 2 do artigo 373.º.

Não cumprida esta obrigação pelo dono da obra, o empreiteiro poderá suspender os trabalhos na actividade a que a mora no fornecimento dos elementos respeita. O período de suspensão confere o direito à prorrogação de prazo na actividade afectada e se esta se encontrar no caminho crítico da empreitada, confere direito à prorrogação do prazo final.

Como é que se determina o momento, em que "os elementos de projeto necessários à sua completa definição e execução" terão de ser disponibilizados ao cocontratante, de modo a que não afectem o normal desenvolvimento da obra?

Não é possível definir em abstracto um momento, pois isso dependerá do trabalho em causa, ser ou não um trabalho de espécie prevista no contrato ou de espécie diferente ou de espécie prevista, mas a executar em diferentes condições. Em todo o caso, para evitar a prorrogação do prazo final, cumpre que o dono de obra garanta o seguinte: se o trabalho objecto de solução de obra a fornecer, não se inserir no caminho crítico, o prazo para o iniciar conta da data em que os elementos de projecto são recebidos, acrescido do tempo necessário para mobilização de equipamento (salvo se já existir nesse momento em obra) e para aprovisionamento de materiais (salvo se já existir nesse momento em obra). Neste caso será inserido no plano de trabalhos esta nova actividade no momento temporal em que vai decorrer. Se isso não colidir com o prazo final, não há razão para este ser prorrogado.

Se o elemento de projecto a fornecer se inserir em actividade do caminho crítico da empreitada, o único modo de evitar a prorrogação de prazo final, será que essa entrega seja feita com antecedência suficiente para o empreiteiro mobilizar os meios necessários e o aprovisionamento dos materiais estar garantido, antes do momento em que de acordo com o plano de trabalhos, essa actividade se deveria iniciar. Doutro modo, o prazo final da empreitada terá de ser prorrogado.

ANOTAÇÕES

1 – **Rafael Ribeiro,** Prorrogações e Suspensões na execução do contrato de empreitada de obras públicas, Revista de Direito Administrativo, Número Especial 3 Julho 2022

28 – O que se deve considerar como falta de condições de segurança?

O dono da obra pode ordenar a suspensão da execução os trabalhos em caso de verificar a falta de condições de segurança, podendo o empreiteiro proceder o mesmo modo, perante as mesmas circunstâncias. É o que estabelecem os artigos 365.º e 366.º do CCP.

O que se deve considerar como falta de condições de segurança, em algumas situações é notório e, por conseguinte, consensual, mas noutras situações pode não o ser.

Importa em primeiro lugar determinar se a falta de condições de segurança deriva de factos da natureza, alheios ao dono de obra e ao empreiteiro, que podem implicar que se considerem como constituindo um factor de insegurança, mesmo que não cheguem para ser classificados como de força maior, pois nesse caso, dúvidas não deveriam subsistir.

A falta condições de segurança também pode ser declarada por autoridade administrativa fiscalizadora, nomeadamente, mas não exclusivamente, a Autoridade para as Condições de Trabalho.

Se a parte que entende existirem falta de condições de segurança for o dono da obra, a execução dos trabalhos é suspensa por ordem sua, que o empreiteiro tem de cumprir. Em qualquer caso, terá de ser esclarecido pelo dono da obra, se essa falta de condições resulta de facto ou omissão do próprio dono de obra, do empreiteiro, de factos da natureza ou de acto de terceiro, pois consoante os casos as consequências contratuais serão diferentes.

Se a falta de condições de segurança for comunicada pelo empreiteiro, terá este de proceder do mesmo modo, ou seja, identificar se a falta de condições resulta de facto ou omissão dele mesmo, se a atribui ao dono de obra, a factos da natureza ou a acto de terceiro.

Em todo o caso, a falta de condições de segurança tem sempre de ser avaliada, no sentido de determinar se essa situação afecta a totalidade dos trabalhos ou só se verifica em actividades ou zonas especificas da obra e consoante cada caso, daí decorrerá se a suspensão será total ou parcial.

A consideração se a pluviosidade ou o vento impedem a execução de certos trabalhos ou actividades. só pode ser analisada, caso a caso e de acordo com as regras de boa construção e a segurança dos trabalhadores e equipamentos envolvidos na actividade.

Importa realçar que a maior dificuldade na execução, motivada por condições atmosféricas menos favoráveis é um risco do contrato, que corre por conta do empreiteiro, quer quanto a prazo, quer quanto a custo. O que não se deve confundir é maior dificuldade e menor rendimento, com impossibilidade. Se existe efectiva impossibilidade, porque a continuar se violariam as regras de boa construção e a segurança dos trabalhadores envolvidos na actividade, então o empreiteiro deve suspender os trabalhos nos termos do artigo 366.º do CCP, se não for o dono da obra a promove-la.

Tendo a suspensão de trabalhos por falta condições de segurança, com origem – não em acto imputável ao dono da obra ou ao empreiteiro – mas a causas da natureza, a actividade em causa terá de ter o seu prazo de execução prolongado, não existindo qualquer direito a compensação ou indemnização mútuos.

29 – O que se deve considerar como custos mensais fixos do empreiteiro?

Em qualquer orçamento que dará origem à apresentação do preço de uma proposta, o concorrente tem de considerar – para além dos custos com mão de obra, equipamentos de apoio e materiais afectos à produção, designados por custos directos – outros custos fixos, que ocorrem, exista ou não produção executada.

Estes custos, designados por custos indirectos, são fixos e normalmente são considerados mensalmente e para o período em que a obra se executará de acordo com o plano de trabalhos da proposta adjudicada.

Se os trabalhos de uma empreitada estiverem suspensos durante 30 dias, por determinação do dono da obra (por exemplo para prospeção arqueológica) o empreiteiro durante esse período não incorre na totalidade dos custos directos, porque não produz, mas continua a suportar alguns custos directos e seguramente suporta todos os custos indirectos, por serem fixos e independentes da produção.

Estes custos indirectos, dependem naturalmente do tipo de empreitada em causa, mas incluem o chamado pessoal de enquadramento, como director de obra, encarregado, técnico de segurança, topografo, técnico de ambiente, geólogo etc.; a manutenção do estaleiro e respectivos gastos gerais, os encargos com seguros e garantias bancárias e os encargos com a estrutura administrativa da empresa afecta ao apoio a essa empreitada. Também o equipamento de apoio, embora afecto à produção, tem custos ou de aluguer ou de imobilização.

Se uma obra contratada para ser executada em 12 meses e de facto é executada em 13 meses, por via de uma suspensão durante 30 dias, por decisão do dono da obra – que modifica o contrato num elemento essencial que é o prazo – o equilíbrio financeiro da proposta do empreiteiro fica automaticamente desequilibrado, pois o cocontratante irá facturar o mesmo valor contratual da sua proposta, mas suporta durante mais um mês todos os custos indirectos que está obrigado, sem poder traduzir isso em facturação.

Referindo o n.º 1 do artigo 314.º do CCP, que o empreiteiro tem direito à reposição do equilíbrio financeiro nos termos do artigo 282.º, estes custos indirectos são parte da compensação financeira a atribuir ao empreiteiro, embora possam existir ainda outros custos, consoante cada caso concreto.

30 – O que é o plano de trabalhos modificado?

Até à publicação da Lei 30/2021, a redacção do n.º 3 do artigo 361.º era a seguinte: "O plano de trabalhos constante do contrato pode ser ajustado pelo empreiteiro ao plano final de consignação apresentado pelo dono da obra nos termos do disposto no artigo 357.º, bem como em caso de prorrogação do prazo de execução, de deteção de erros e omissões reclamados na fase de execução do contrato ou quando haja lugar a trabalhos complementares."

E o número 5 do mesmo artigo prescrevia que "o plano de trabalhos ajustado carece de aprovação pelo dono da obra no prazo de cinco dias após a notificação do mesmo pelo empreiteiro, equivalendo o silencio a aceitação."

Com a alteração operada ao número 3 do artigo 361.º pela Lei 30/2021, a referência a "*prorrogação do prazo de execução, de deteção de erros e omissões reclamados na fase de execução do contrato ou quando haja lugar a trabalhos complementares*" foi eliminada e bem, pois prestava-se a confusões quando ao deferimento tácito destes planos de trabalhos.

De facto, **plano de trabalhos ajustado** é apenas o plano de trabalhos que resulta do plano final de consignação. Todos os restantes planos de trabalhos que se mostrem necessários no decorrer da execução do contrato, são **planos de trabalho modificados.**

A confusão resultava da inserção da referência a planos de trabalhos modificados, na mesma norma que se refere ao plano de trabalhos ajustado.

Ora, todos os planos de trabalhos, com única exclusão do ajustado ao plano final de consignação, têm de ser expressamente aprovados, não equivalendo o silêncio a aceitação. Mesmo com a redação original, nunca os planos de trabalhos modificados, puderam ser objecto de aprovação tácita. Mas tendo esta matéria sido objecto de litigiosidade, a nova redação do número 3 do artigo 361.º pela Lei 30/2021 é suficientemente clarificadora.

Na execução de uma empreitada, os planos de trabalhos são frequentemente alterados pelas mais variadas razões, sem que daí resulte necessariamente prejuízo para o normal desenvolvimento dos trabalhos e por conseguinte para a conclusão da obra no prazo contratual ou no prazo que resultar de prorrogações devidas. Nestes casos estamos a referir-nos a modificações por acordo entre o dono da obra e o empreiteiro.

Para o melhor entendimento entre as partes contratantes, quanto a modificações consensuais do plano de trabalhos e suas consequências no prazo, uma adequada densificação do plano de trabalhos da proposta no qual esteja correctamente definido o caminho crítico do plano de trabalhos, constitui um importante contributo.

É no balanço entre o que estabelece o plano de trabalhos da proposta adjudicada, respectivo ajustamento feito na consignação e as incidências ocorridas em obra, que se pode mais facilmente consensualizar as necessidades de modificação do plano.

O prazo de execução da empreitada é um dos parâmetros base do caderno de encargos, ao cumprimento do qual ficam vinculadas as propostas apresentadas.

Mesmo para os procedimentos de manifesta simplicidade, conforme especificam os números 3 e 4 do artigo 42.º, o prazo é um parâmetro base da execução dos contratos.

O prazo de execução das prestações do contrato, terá de constar do clausulado do contrato e este só poderá ser igual ao fixado como parâmetro base no caderno de encargos ou inferior se o prazo de execução tiver sido um atributo submetido à concorrência. O prazo de execução das prestações do contrato terá de constar obrigatoriamente do clausulado contratual, conforme dispõe a alínea e) do número 1 do artigo 96.º.

O cumprimento do prazo numa empreitada de obra pública, é um factor especialmente relevante. Por questões de igualdade entre os concorrentes, defesa da concorrência, natureza séria, certa e firme da proposta adjudicada e da sua intangibilidade. Como escrevia Mário Esteves Oliveira *"a intangibilidade das propostas apresentadas em concurso, para efeito da sua ponderação e hierarquização é um "bem, um valor absoluto e inafastável (...) consentir que um concorrente modifique a sua proposta para a melhorar face à dos outros concorrentes, depois dela ter sido apresentada, admitida, aberta e apreciada, não representa uma mera ilegalidade: é a negação da própria razão de ser da própria essência do concurso "* (Mário Esteves Oliveira, Concursos e Outros Procedimentos de Adjudicação Administrativa, Almedina) Não está na disponibilidade das partes – entidade pública contratante e empreiteiro – alterarem esse prazo fixado, sem que para isso seja invocada causa ou fundamento bastante, nos termos escassos em que a lei o permite durante a fase de execução dos trabalhos.

Sem prejuízo disso, sendo a actividade de construção uma tarefa contingente, sujeita a causas naturais inclusive, o prazo contratual é frequentementemente objecto de prorrogação. Em tese, é possível afirmar que raras são as empreitadas, cujo prazo não é objecto de algum tipo de prorrogação.

Vejamos quais são os factos que podem modificar após o ajustamento na consignação, o prazo global de execução da empreitada:

Suspensão dos trabalhos

A suspensão pode ser ordenada pelo dono da obra ou comunicada pelo empreiteiro, nas condições previstas nos artigos 365.º a 369.º do CCP.

Execução de alterações ao projecto decorrentes de erros e omissões

Esta situação é recorrente e deriva da ordem de execução de trabalhos complementares para suprimento de erros e omissões de projecto, que podem implicar a necessidade de suspender os trabalhos, ainda que parcialmente, para a correcção dos elementos de solução de obra ou elaboração de novos projectos.

Estas situações conferem o direito a prorrogação de prazo de execução seja de prazos parciais ou do prazo final, consoante a natureza das actividades afectadas e se as mesmas integram ou não o caminho crítico da empreitada. Para além do custo dos próprios trabalhos, a maior permanência em obra do empreiteiro pode fundamentar um pedido de reequilíbrio financeiro a ser suportado pelo dono da obra, se das alterações ao projecto resultar uma maior dificuldade na execução da obra com aumento dos encargos fixos do empreiteiro, que não sejam cobertos pelo próprio valor dos trabalhos complementares a executar.

A execução destes trabalhos pode implicar a apresentação de preço e prazo, em condições diferentes, conforme se trate de trabalhos da mesma espécie dos previstos no contrato ou não previstos.

Em todo o caso, se a execução destes trabalhos complementares para suprimento de erros e omissões de projecto implicarem a alteração do plano de trabalhos que estiver em vigor, compete ao empreiteiro propor ao dono da obra as modificações necessárias ao mesmo.

As modificações ao plano podem não implicar a prorrogação de prazo final, se não houver perturbação no normal desenvolvimento do plano de trabalhos, por via da necessidade de realização desses específicos trabalhos complementares de suprimento de erros e omissões.

Execução de trabalhos a mais ou complementares e/ou demora na aprovação de preços novos pelo dono da obra.

A realização de trabalhos complementares implica o direito a concessão de prazo para a execução desses trabalhos ou até do prazo final de execução da obra, consoante a natureza dessas actividades e a sua repercussão no plano de trabalhos. É o que resulta do artigo 374.º. A necessidade ou não, de prorrogação de prazo final, tal como no caso dos de trabalhos complementares de suprimento de erros e omissões, pode não ter lugar, se a execução desses trabalhos a mais não prejudicar o normal desenvolvimento do plano de trabalhos, nomeadamente se consistirem em actividades não críticas, suficientemente distantes no plano de trabalhos, do prazo de conclusão da obra.

Em todo o caso, tal como o legislador estabeleceu estes regimes, podemos dar por assente, que por regra, os trabalhos a mais conferem direito a prorrogação de prazo da obra nos termos do artigo 374.º. No entanto, quando não prejudiquem o normal desenvolvimento do plano de trabalhos e não afectem o caminho crítico da empreitada, apenas dão lugar à prorrogação do prazo da actividade a que se referem.

Havendo lugar a prorrogação do prazo por via de realização de trabalhos a mais, como se procede ao cálculo da prorrogação de prazo? Isso vem estabelecido no artigo. 373.º do CCP.

Para trabalhos da mesma espécie e a executar em condições semelhantes de outros previstos no contrato, são aplicados os prazos parciais de execução previstos no plano de trabalhos para essa espécie de trabalhos. Para trabalhos de espécie diferente ou da mesma espécie de outros previstos no contrato, mas a executar em condições diferentes, aplica-se o prazo que resultar da proposta do empreiteiro e da decisão do dono de obra sobre essa proposta.

Inutilização de trabalhos já executados, de acordo com ordens recebidas

A necessidade de inutilização de trabalhos já executados pode resultar de diversas circunstâncias.

A primeira é a prevista no artigo. 380.º do CCP. É a situação em que por via da execução de trabalhos a mais, de trabalhos de suprimento de erros e omissões ou da ordem de execução de trabalhos a menos, resultar inutilização de trabalhos já realizados em conformidade com o contrato ou com instruções do dono da obra. Nestas circunstâncias, para além de ser remunerado pelos trabalhos já realizados e pelos trabalhos necessários à reposição da situação anterior, o empreiteiro tem direito à prorrogação do prazo necessário à execução destes trabalhos, que deve ser também calculado conforme as regras do artigo 373.º.

A segunda, é a necessidade de proceder à demolição e nova execução de trabalhos defeituosos e que o contraente publico no âmbito dos seus poderes de fiscalização técnica do modo de execução do contrato, venha fundamentadamente a ordenar.

A terceira, a realização de trabalhos não autorizados e que o contraente público se recuse a aceitar.

Nestas últimas duas situações o empreiteiro não tem direito a qualquer prorrogação de prazo, sem prejuízo de outras sanções ou responsabilidade em que venha a incorrer.

Por alterações ao projecto ordenados pelo dono da obra

O contraente público pode introduzir alterações, nomeadamente ao projecto de execução, já no decurso da execução dos trabalhos, por razões de interesse público decorrentes de necessidades novas ou de uma ponderação das circunstâncias existentes, nos termos do artigo 312.º e dentro dos limites estabelecidos no artigo 313.º.

Se estas modificações implicarem a alteração do prazo de execução e/ou da sequência de actividades integrantes do plano de trabalhos, o empreiteiro deve apresentar um plano de trabalhos modificado adaptado à nova situação e conforme dispõe o artigo 314.º poderá ter direito à reposição do equilíbrio financeiro, nos termos do artigo 282.º, se efectivamente as alterações verificadas implicarem a quebra do equilíbrio contratual da proposta.

Por falta de entrega em tempo útil de peças escritas e/ou desenhadas

O atraso por parte do dono da obra de elementos se solução de obra, que prejudiquem o normal desenvolvimento da obra, de acordo com o faseamento constante do plano de trabalhos, conferem o direito à prorrogação de prazo das actividades que essa omissão afectar.

Por norma, todos os elementos de solução de obra deverão integrar o projecto de execução do caderno de encargos. No entanto, nem sempre assim acontece.

Uma situação recorrente é a insuficiência de pormenor de peças desenhadas ou de detalhe em peças escritas, que motivam dúvidas e pedidos de esclarecimento por parte do empreiteiro ou por atraso do dono da obra na aprovação de materiais, que hajam de ser sujeitos à sua aprovação antes de serem incorporados na obra.

Por via de incidentes imprevistos

Estes incidentes são nomeadamente a descoberta de achados arqueológicos, restos humanos ou outros factores que legalmente impeçam a continuação dos trabalhos.

Também pode haver lugar à modificação do plano de trabalhos por alterações nos locais pré-designados para a extracção e deposito de materiais, se, independentemente de haver sobrecusto ou não, implicarem diminuição do ritmo de execução da obra previsto no plano de trabalhos.

Finalmente o plano de trabalhos pode se modificado por motivo de força maior, nos termos que vierem a constar do respectivo Auto.

As situações em que o plano de trabalhos tem de ser objecto de modificação por incumprimento do empreiteiro, estão previstos nos artigos 403.º e 404.º do CCP.

ANOTAÇÕES

1 – **Pedro Nuno Rodrigues,** A modificação objectiva do contrato de empreitada de obras públicas, Universidade Católica Editora, vg especialmente a subsidiariedade do regime da modificação por razões de interesse público, pág. 91 e segs.

2 – **Mário Aroso de Almeida,** Sobre os limites à modificação objetiva dos contratos administrativos, Revista de Contratos Públicos n.º 19

3 – **Ana Gouveia Martins,** Os limites à modificação à modificação dos contratos públicos, Revista de Contratos Públicos n.º 4

31 - Como proceder à modificação do plano de trabalhos?

Para além do ajustamento ao plano final de consignação, o plano de trabalhos pode ser modificado nomeadamente por motivo de suspensão dos trabalhos, parcial ou total; por via de execução de trabalhos complementares ou quando se verifiquem desvios ao plano de trabalhos, que ponham em causa o cumprimento do prazo de execução da obra ou dos respectivos prazos parciais.

Em qualquer dos casos, no plano de trabalhos modificado - seja ele elaborado pelo empreiteiro ou pelo dono da obra, no caso previsto no n.º 2 do artigo 404.º - devem ser introduzidas a data de real de início e a data de conclusão real de cada actividade; devem ser introduzidas as percentagens de execução de cada espécie de trabalho ou actividade e o "estado da obra" à data em que o novo planeamento foi efectuada. O plano de trabalhos é actualizado reagendando todas as actividades que terão o seu início, após a data do "estado da obra" introduzida à data do novo plano.

Se as razões para a modificação do plano de trabalhos, forem devidas a causas que sejam ou devam ser nos termos legais e contratuais imputáveis ao dono da obra, o prazo final (ou prazos parciais conforme o caso) será prorrogado no plano modificado. Quando o desvio do plano de trabalhos se dever a razões imputáveis ao empreiteiro, o prazo final deverá manter-se, sendo as actividades no plano de trabalhos modificado, objecto de compressão, aumento de meios humanos ou de equipamento, aumento do horário de trabalho etc.

32 - Quais as implicações da execução de empreitadas simultâneas?

A possibilidade de o dono da obra contratar a execução a terceiros (ou executar ele mesmo) empreitadas simultâneas com a empreitada em curso, pode ou não estar prevista no Caderno de Encargos.

Se estiver consagrada, a sua efectivação não é um risco contratual imprevisível, sem prejuízo dos constrangimentos que criar ao executante principal, deverem ser levados em conta pelo dono da obra, nomeadamente para as modificações necessárias no plano de trabalhos, se for o caso.

Em qualquer circunstância, o dono de obra pública pode sempre ordenar a execução, de empreitadas simultâneas, dentro dos seus poderes de modificação do contrato.

O dono da obra reserva normalmente e de modo preventivo, esse direito de mandar executar por terceiros, conjuntamente com os trabalhos da empreitada adjudicada, outros trabalhos, que se venham a revelar necessários, ainda que sejam de natureza idêntica aos incluídos no contrato.

A sugestão para regulação contratual destas situações encontra-se na Portaria n.º 959/2009 de 21 de Agosto, mais concretamente na Cláusula 28.ª, que citamos:

> "1 – O dono da obra reserva-se o direito de executar ele próprio ou de mandar executar por outrem, conjuntamente com os da presente empreitada e na mesma obra, quaisquer trabalhos não incluídos no contrato, ainda que sejam de natureza idêntica à dos contratados.
>
> 2 – Os trabalhos referidos no número anterior são executados em colaboração com o director de fiscalização da obra, de modo a evitar atrasos na execução do contrato ou outros prejuízos.
>
> 3 – Quando o empreiteiro considere que a normal execução da empreitada está a ser impedida ou a sofrer atrasos em virtude da realização simultânea dos trabalhos previstos no n.º 1, deve apresentar a sua reclamação no prazo de 10 dias a contar da data da ocorrência, a fim de serem adoptadas as providências adequadas à diminuição ou eliminação dos prejuízos resultantes da realização daqueles trabalhos.
>
> 4 – No caso de verificação de atrasos na execução da obra ou outros prejuízos resultantes da realização dos trabalhos previstos no n.º 1, o empreiteiro tem direito à reposição do equilíbrio financeiro do contrato, de acordo com os artigos 282.º e 354.º do CCP, a efectuar nos seguintes termos:
>
> a) Prorrogação do prazo do contrato por período correspondente ao do atraso eventualmente verificado na realização da obra; e
>
> b) Indemnização pelo agravamento dos encargos previstos com a execução do contrato que demonstre ter sofrido."

Como já referido, tenha ou não incluído esta clausula no caderno de encargos, o contraente público pode sempre proceder à execução de outros trabalhos conjuntamente com os da empreitada adjudicada.

Do mesmo modo, independentemente da sua consagração contratual, se com a adjudicação de trabalhos simultaneos a terceiros, o dono da obra com esse facto, der causa a maior dificuldade na execução da obra com agravamento dos encargos respectivos, o empreiteiro tem direito à reposição do equilíbrio financeiro.

Cumpre ter atenção, que o direito à reposição do equilíbrio financeiro caduca se não for reclamado no prazo fixado no número 2 do artigo 354.º.

33 – O que é a medição dos trabalhos?

A medição dos trabalhos executados pelo empreiteiro encontra-se regulados nos artigos 387.º e seguintes do CCP.

Os autos de medição são o principal meio de controlo físico e financeiro da obra em curso. Para além de registarem o trabalho produzido, permitem detectar desvios ao plano de trabalhos que se encontrar em vigor à data de cada medição.

A medição é um acto que tem obrigatoriamente a formalidade de um auto, que fundamenta o pagamento ao executante.

A lei determina que o dono da obra tem a obrigação de proceder à medição de todos os trabalhos executados, tenham ou não sido ordenados, devendo o próprio empreiteiro efectuar a medição, se o dono da obra não a fizer no prazo fixado na lei ou no caderno de encargos.

A medição e as suas regras, constituem o modo de definir e quantificar de forma objectiva os trabalhos executados.

Segundo as recomendações do LNEC, os princípios base a ter em consideração na elaboração das medições são nomeadamente os seguintes e citamos:

> "– Estudo da documentação do projecto – peças desenhadas, caderno de encargos e cálculos – deve constituir a primeira actividade do medidor.
>
> – As medições devem satisfazer as peças desenhadas do projecto e as condições técnicas gerais e especiais do caderno de encargos, pois podem existir erros e omissões que o medidor deve esclarecer com o autor do projecto
>
> – As medições devem ter em consideração as normas aplicáveis à construção, nomeadamente aos materiais, produtos e técnicas de execução

– Dentro dos limites razoáveis das tolerâncias admissíveis para a execução das obras, as medições devem ser elaboradas, de modo a que não sejam desprezados nenhum dos elementos constituintes dos edifícios.

– Durante o cálculo das medições devem ser realizadas as verificações das operações efectuadas e as confrontações entre somas de quantidades parcelares com quantidades globais. O grau de rigor a obter com estas verificações e confrontações depende, como é evidente, do custo unitário de cada trabalho.

A lista de trabalhos deve ser individualizada e ordenada segundo os critérios seguintes:

– Os trabalhos medidos devem corresponder às actividades que são exercidas por cada categoria profissional de operário;

– As medições devem discriminar todos os trabalhos, principais e auxiliares, com uma definição clara de cada trabalho e indicarem as características mais importantes necessárias à sua execução. Sempre que possível, esta definição deve ser esclarecida com referência às peças desenhadas e às condições técnicas ou de outras informações existentes noutras peças do projecto

As medições devem ser decompostas por partes da obra que facilitem a determinação das quantidades de trabalho realizadas durante a progressão da construção bem como a comparação de custos com projectos similares." (fim de citação)

ANOTAÇÕES

1 – **David Coelho,** Medição e pagamento nas empreitadas de obras públicas, Revista de Direito Administrativo, Número Especial 3

34 – Como proceder perante erros de medição?

O procedimento quanto a erros de medição, encontra-se no artigo 390.º do CCP. Assim, se até à conclusão da obra, forem detetados erros ou faltas de qualquer auto de medição anteriormente lavrado, a correção deve ser efectuada no auto de medição imediatamente posterior pelo dono da obra, caso este e o empreiteiro estejam de acordo em relação ao objecto e às quantidades a corrigir. A correção da medição é refletida na conta corrente elaborada no mês seguinte nos termos do disposto no artigo anterior.

O artigo 389.º, dispõe sobre o processo de medição e confere ao empreiteiro o direito de apresentar a correspondente reserva até ao momento da sua assinatura, sendo aplicável o disposto no artigo 345.º, ou seja, dentro dos prazos previstos neste artigo.

O disposto no artigo 390.º é susceptível de criar algumas situações de facto consumadas, sem que o empreiteiro tenha meios de reação viáveis para fazer valer a sua razão quanto a erros de medição, se entender que a tem.

É importante ter em conta que a correção de erros ou faltas em autos de medição pode ocorrer até ao final da obra. Assim sendo, nada impede que no último auto, o dono da obra entenda que existe um erro, nomeadamente em seu desfavor no primeiro auto ou em qualquer outro. E corrige-o, por exemplo diminuindo quantidades que constam desse auto. Se o empreiteiro concordar, não existe qualquer problema, claro. Mas se o empreiteiro discordar, o seu meio de reação será a apresentação de reserva, no momento ou nos prazos do artigo 345.º, quando lhe for presente o auto agora corrigido.

A partir deste momento, se o dono da obra não aceitar a reclamação, só resta ao empreiteiro ou conformar-se ou enviar a questão para os meios litigiosos. Ora, se a divergência na medição se verificar em relação a trabalhos que possam ser medidos de novo no final dos trabalhos, um colégio de peritos pode apurar qual a parte litigante que tem razão. No entanto, se a correção se verificar em relação a trabalhos que já não podem ser objecto de verificação posterior, por estarem ocultos, como seja fundações, escavação, camadas ou materiais enterradas etc., essa prova pericial não será possível e o ónus da prova é do empreiteiro, com as consequências daí decorrentes: não vai conseguir provar.

Para tentar prevenir o mais possível este tipo de situação- que é possível acontecer até à conclusão da obra – mesmo que o auto tenha sido elaborado por acordo e até inclusive as quantidades tenham sido pagas- o empreiteiro tem toda a conveniência em munir-se de prova documental dos trabalhos que executou e que ficam ocultos, que podem ser de índole diversa, desde prova fotográfica, guias de quantidades de materiais entregues na obra etc.

IV

Erros e Omissões

35 – O que se mantém no artigo 50.º?

Apesar das sucessivas alterações legislativas, mantém-se o dever do interessado ou convidado, identificar e apresentar uma lista com os erros e omissões, que digam respeito a:

a) Aspectos ou dados que se revelem desconformes com a realidade;
b) Espécie ou quantidade de prestações estritamente necessárias á integral execução do objecto do contrato a celebrar;
c) Condições técnicas de execução do contrato a celebrar que o interessado não considere exequíveis
   – O interessado ou convidado, não tem de identificar e apresentar uma lista com os erros e omissões, que digam respeito a:
d) Erros e omissões do projecto de execução que não se incluam nas alíneas anteriores.

– O dever de identificação não abrange os erros e omissões que, actuando com a diligência objectivamente exigível em face das circunstâncias concretas, apenas pudessem ser detectados na fase de execução do contrato.

– As consequências da não identificação são as constantes dos números 3 e 4 do artigo 378.º.

– A entidade adjudicante mantém o dever de prestar os esclarecimentos solicitados, mas no que se refere a erros e omissões, pronuncia-se em relação aos que aceita e a consideraram-se rejeitados "*todos os que, até ao final daquele prazo* (segundo terço) *não sejam por eles expressamente aceites* ".

– A entidade adjudicante tem a obrigação de identificar os termos do suprimento de cada um dos erros e omissões aceites, alterando o projecto ou o Mapa de Quantidades, ambos ou consoante o caso, em consequência dos erros e omissões que aceitou.

– Os esclarecimentos, rectificações e erros e omissões aceites, são disponibilizados e juntas às peças do procedimento.

– Sempre que os prazos previstos no artigo 50.º não sejam cumpridos pela entidade adjudicante, e especialmente para os efeitos do previsto no n.º 7, atender-se-á ao disposto no artigo 64.º.

ANOTAÇÕES

1 – Ana Raquel Gonçalves Moniz, As peças do procedimento, Estudos de Contratação Pública-IV Coimbra Editora, vg especialmente O princípio da estabilidade ou intangibilidade das peças de procedimento: esclarecimentos, retificações e correções. Pág. 114 e segs.

36 – Qual o conceito de Erro ou Omissão?

Não existe uma definição inteiramente assente e internacionalmente utilizada, para *erros e omissões.* Muito menos para erros e omissões específicos de cada actividade.

Mas existem conceitos que foram adoptados, nomeadamente na análise de projectos de construção.

Assim, se nos estivermos a situar no âmbito de erros e omissões de projecto, poderemos assentar que uma ***"Omissão** consiste num trabalho indispensável à execução da empreitada, mas que não consta do projecto ou não consta, para efeitos de remuneração do empreiteiro, no mapa de medições".*

Enquanto, um ***"Erro**, consiste na incorrecta quantificação no projecto ou no mapa de medições, de um trabalho indispensável á execução da mesma".*

Em vários cadernos de encargos ou modelos tipo de contratos de obras internacionais de dimensão significativa, ou nas práticas contratuais correntes de investidores imobiliários multinacionais relevantes, normalmente o "***Erro"*** é definido como as *incorrecções ou inexactidões nos desenhos e nas especificações, incluindo nomeadamente a aplicação de padrões errados, cálculos errados ou erros de medições.* Por seu turno, **"Omissão"** é definida *como uma falha na inclusão de itens necessários, como por exemplo omissão de elementos de um padrão ou modelo, ou enganos sobre as condições do terreno."*

Podemos com segurança fixar, que as situações acima descritas, a existirem em qualquer projecto, constituem indubitavelmente, erros ou omissões do mesmo. E reter também, que para a disciplina do artigo 50.º do CCP, estes são erros e omissões "elegíveis"para identificação pelos interessados. Mas não são os "únicos" erros e omissões a considerar. O conceito de erros e omissões no CCP é mais alargado.

Saindo por ora da realidade exclusiva do CCP, em termos gerais para os grandes contratos internacionais de construção, financiados por fundos públicos ou privados, a cláusula tipo sobre erros e omissões, coloca sempre a responsabilidade sobre o dono de obra, *apenas* responsabilizando o empreiteiro, *se este for o autor do projecto*, naturalmente. Não se encontra normalmente prevista esta obrigação de identificação pré contratual, que é uma originalidade portuguesa.

Em todo o caso, após a adjudicação e consignação, nomeadamente nos contratos FIDIC, se o empreiteiro executar um trabalho incorrectamente, sabendo que estava perante um erro, ou tenha tido uma *conduta de ocultação deliberada dos erros e omissões* que detecta durante a execução da obra para, do resultado dessa ocultação, tirar proveito próprio no momento certo, pode ser penalizado em virtude dessa conduta.

A legislação portuguesa seguiu este principio dos contratos internacionais, até à revogação do Decreto-Lei 59/99 de 2 de Março (RJEOP).

Com a entrada em vigor do CCP em 2008, todos os interessados que venham a ser concorrentes e entre estes claro, o futuro adjudicatário, passaram a ter a obrigação de identificar na fase de procedimento os erros e omissões de um projecto em cuja concepçáo não participaram, ainda que esse projecto até já tenha sido objecto de revisão por entidade qualificada.

ANOTAÇÕES

1 - José.Manuel Oliveira Antunes, Contrato de Empreitada, Quid Júris, 2002, pág. 111.

2 - José.Manuel Oliveira Antunes, Código dos Contratos Públicos, Regime de Erros e Omissões, 3.ª edição, 2010, Almedina, pág. 21

3 - Mattehew Cavanaugh, Northewest Moutain Region - Safety & Standards Branch, Airport Division - Engineering Guidance 98-04 - 02-21-98.

37 – Como proceder à identificação de *erros e omissões* na fase pré-contratual?

Dispõe o n.º 2 do artigo 50.º do CCP, na nova redacção do Decreto-Lei 111-B /2017 – que a Lei 30/2021 não alterou: *"Para os efeitos do disposto no presente Código, consideram-se erros e omissões das peças de procedimento, os que digam respeito a:*

a) Aspetos ou dados que se revelem desconformes com a realidade;

b) Espécie ou quantidade de prestações estritamente necessárias à integral execução do objeto do contrato a celebrar;

c) Condições técnicas de execução do objeto do contrato a celebrar que o interessado não considere exequíveis;

d) Erros e omissões do projeto de execução que não se incluam na alínea anterior.

E no n.º 1 determina que: *"No primeiro terço do prazo fixado para a apresentação das propostas, os interessados podem solicitar os esclarecimentos necessários à boa compreensão e interpretação das peças do procedimento e no mesmo prazo, devem apresentar uma lista na qual identifiquem, expressa e inequivocamente, os erros e as omissões das peças do procedimento por si detetados.*

Importância dos pedidos de Esclarecimento

Na redacção original, o processo por parte dos interessados com vista à identificação na fase de procedimento, de erros e omissões, então *"do caderno de encargos"*, hoje das "peças *do procedimento"*, iniciava-se desde logo no período destinado a *pedidos de esclarecimento,* ou seja, no primeiro terço do prazo. Agora esta fase surge concomitante com a apresentação da lista de erros e omissões, o que pode trazer alguma confusão ao processo.

Seja como for, a entidade indicada no programa do procedimento para o esclarecimento das dúvidas dos interessados sobre as peças patenteadas, deve obrigatoriamente prestar por escrito todos os esclarecimentos que lhe forem solicitados e proceder às rectificações que forem necessárias.

Estas dúvidas, devem ser colocadas pelos interessados que tiverem obtido as peças de procedimento através da plataforma electrónica, no primeiro terço do prazo fixado no programa do procedimento para a entrega das propostas e respondidas pela entidade incumbida dessa obrigação, até ao final do segundo terço do mesmo prazo, conforme dispõe o artigo 50.º do CCP.

Cumpre não esquecer, que os programas dos concursos públicos são verdadeiros regulamentos administrativos, minuciosamente faseados e disciplinadores da sua tramitação, por modo a que essas diversas fases se desenvolvem com a máxima clareza, isenção e transparência e sejam respeitados em condições de igualdade, os direitos dos concorrentes.

A resposta aos pedidos de esclarecimento por parte do órgão competente para a decisão de contratar, ou de quem tiver tal competência delegada, deverá ser prestada até ao termo do segundo terço do prazo para apresentação das propostas.

A resposta é obrigatória, determinando o artigo 64.º do CCP, cuja redacção neste aspecto também se mantêm, que caso sejam comunicados para além o prazo estabelecido – o segundo terço – o prazo para apresentação das propostas deve ser prorrogado no mínimo por período equivalente ao atraso verificado.

Nesta fase, caberá ao coordenador de projecto prestar todo o apoio à entidade adjudicante. Assim, e sempre que tal lhe for solicitado, deve esclarecer todas as questões relacionadas com a opções de concepção e bem assim todas as dúvidas e esclarecimentos solicitados pelos interessados, que digam respeito nomeadamente à compatibilização dos elementos e projecto e do caderno de encargos.

Os esclarecimentos prestados, são publicados na plataforma electronica da entidade adjudicante, juntos às peças de procedimento e a referida publicação notificada a todos os interessados.

Neste momento do procedimento, se não quiser dar motivo para a prorrogação do prazo – ou agora também até ao final do prazo para entrega das propostas, nesse caso com a necessária prorrogação do prazo – a entidade adjudicante pode por sua iniciativa, proceder a rectificações de erros e omissões do caderno de encargos, dos quais igualmente deve notificar os interessados, publicá-los na plataforma electronica e fazer a sua junção às peças de procedimento.

A identificação destes erros e omissões pode ter várias origens. Em primeiro lugar tal necessidade pode resultar do conteúdo dos pedidos de esclarecimento.

Em segundo lugar pode ter origem na própria análise, que a entidade adjudicante é livre a qualquer momento de fazer do seu próprio projecto e das restantes peças de procedimento e principalmente da identificação e apresentação, agora obrigatoriamente nesta fase, de erros e omissões do caderno de encargos por parte dos interessados.

Ora, perante este quadro legal, quais deverão ser as regras a adoptar na identificação de erros e omissões na fase de procedimento, por parte dos interessados?

O revogado artigo 61.º, tinha uma lógica intrínseca que foi radicalmente alterada pelo Decreto-Lei 111-B/2017 e que era a seguinte:

Em primeiro lugar, os interessados e também a entidade adjudicante se assim quisesse, analisariam e retificariam tudo o que fosse necessário, em função dos pedidos de esclarecimento recebidos e da sua própria análise.

Só depois desta *clarificação,* os interessados apresentavam a lista dos erros e omissões identificados.

Com a alteração operada, através da obrigação de no mesmo prazo invocar ambas as situações, deixa de existir a possibilidade, para os interessados, da *prévia clarificação* de alguns aspectos das peças do procedimento. Ou seja, *desconformidades ou ambiguidades* das peças de procedimento, que poderiam ser corrigidas e uma vez isso feito, evitar a identificação de um erro ou omissão. Com a presente redacção, acabam por ser identificadas como erro ou omissão, pois os prazos são concomitantes.

Identificação em concreto dos erros e omissões

Seja como for, se quiserem cumprir o disposto no n.º 2 do artigo 50.º, para colocarem as dúvidas a título de pedido de esclarecimento ou identificação de erro ou omissão, sempre os interessados deverão:

– Avaliar as diversas partes integrantes das peças de procedimento, como sejam as peças escritas, peças desenhadas e especificações técnicas do projecto de execução patenteado e respectivos anexos.

– Efectuar medições detalhadas de cada actividade referenciada no Mapa de Quantidades de Trabalho patenteado a concurso, com vista à determinação de eventuais erros nas quantidades de trabalho previstas;

– Descrever as medições detalhadas de todas as actividades omissas no Mapa de Quantidades de Trabalho patenteado a concurso, as quais repute necessárias suprir para realizar a obra de acordo com o projecto de execução;

– Construir um modelo comparativo dos erros e omissões identificados, com base no Mapa de Quantidades patenteado e das modificações a introduzir resultantes da análise realizada.

Acontece que, sendo a fase para pedidos de esclarecimento concomitante com a identificação dos erros e omissões, pode vir a instalar-se uma certa *confusão*, nos procedimentos. Senão vejamos:

Cada interessado apresenta concomitantemente no final do primeiro terço do prazo, o seu *conjunto de pedidos de esclarecimento* e a sua *lista identificativa de erros e omissões das peças do procedimento.*

Como sabemos, é o *conteúdo* do documento e não o *título* que se lhe apõe, que determina o que o documento realmente é.

Assim sendo, casos irão ocorrer (isso sempre aconteceu aliás, mas estava minorado pelos momentos serem diferentes) nos quais o interessado designa como *pedido de esclarecimento,* o que no entender do júri se tratará de *identificação de um erro ou omissão* e casos em que o concorrente designa por *identificação de um erro ou omissão,* o que afinal é apenas e realmente, um *pedido de esclarecimento.*

Este problema é relevante pelas seguintes razões, pelo menos:

Em primeiro lugar, porque aos *pedidos de esclarecimento* o órgão competente para a decisão de contratar ou júri (se tiver essa competência delegada) tem obrigatoriamente de responder (*vg* alínea a) do n.º 5 do artigo 50.º, com as consequências previstas no n.º 1 do artigo 64.º, se o não fizer) e à *identificação de erros ou omissões,* o órgão competente para a decisão de contratar, só tem de se pronunciar, sobre os *erros ou omissões* que aceita, considerando-se *rejeitados todos os que, até ao final daquele prazo* (segundo terço) *não sejam por ele expressamente aceites.* (vg alínea b) do n.º 5 do artigo 50.º)

Em segundo lugar, porque sendo delegada no júri, a incumbência de responder aos *pedidos de esclarecimento* não é possível nele delegar, após a alteração ao n.º 2 do artigo 69.º pelo Decreto-Lei 111-B/2017, os poderes para decidir sobre *erros ou omissões.*

Nestas circunstâncias, afigura-se de todo conveniente que com o recebimento das listas por todos os interessados, o órgão competente para a decisão de contratar ou o júri, as separe entre as que consideram *pedidos de esclarecimento* e as que entendem e irão tratar como *identificação de erros ou omissões.*

Para cumprir esta sua obrigação, a entidade adjudicante ou o júri, conforme a delegação em causa, necessitará da assistência técnica dos projectistas.

O conteúdo desta assistência, vem definida no artigo 1.º da portaria 701-H/2008, de 29 de Julho e pode comportar entre outras contribuições, a prestação de informações e esclarecimentos solicitados por candidatos ou concorrentes, sob a forma escrita e exclusivamente por intermédio do dono de obra, sobre problemas relativos à interpretação das peças escritas e desenhadas do projecto.

Em termos muito simples, o regime de identificação pré-contratual por parte dos *interessados*, visa ao fim ao cabo, prevenir o desvio de custos na fase de execução dos trabalhos.

Igualmente na avaliação das *"circunstâncias concretas"* tem de se considerar entre vários, o grau de pormenorização dos elementos geotécnicos e geológicos disponibilizados pela entidade adjudicante e a consideração da sua presumível credibilidade, por parte dos concorrentes.

Não se afigura proporcional, a exigência aos concorrentes de elaborarem estudos geotécnicos ou geológicos "confirmativos" ou" infirmativos" dos dados de campo fornecidos pelo dono de obra, sequer em fase de execução, muito menos em fase de procedimento.

ANOTAÇÕES

1 – Miguel Assis Raimundo, Erros e Omissões das peças do procedimento e a posição do co-contratante ou a vida difícil da boa fé na contratação pública, Revista de Direito Administrativo n.º 4

2 – José Pujol, Novos Erros e Omissões do Regime de Erros e Omissões do Código dos Contratos Públicos (1) Revista de Contratos Públicos n.º 5

3 – José Manuel Oliveira Antunes, A Aplicação aos Projectos de Engenharia do Regime de Erros e Omissões do CCP, Revista de Contratos Públicos n.º 15.

4 – Paulo Linhares Dias, A responsabilidade pelos trabalhos imprevistos – O caso concreto dos erros e omissões detetáveis na fase pré contratual.

5 – Armando Costa Manso e António Cabaça Paula Couto, Responsabilidade Contratual do Empreiteiro por defeitos, erros e omissões e trabalhos a mais, Acção de formação do CEJ, Ordem dos Engenheiros, 2012

38 - O que é exigível na identificação de aspectos ou dados desconforme com a realidade?

O que lei refere como "realidade", só pode ser ser entendido como a realidade fisica dos locais. Aspectos ou dados que se mostrem desconformes com a realidade, têm necessariamente de se referir aos aspectos do local de implementação da obra, locais circundantes; serventias; expropriações; serviços afectados etc, pelo menos no que se refere à empreitada de obra pública.

No entanto, dado o facto dos erros e omissões no CCP, serem os "erros e omissões das peças do procedimento", todos os aspectos ou dados, incluídos no conjunto das peças, que se revelem desconformes com a realidade, também devem ser identificados como erros e omissões, para os efeitos desta disposição.

Neste particular, importa ter uma particular atenção aos erros e omissões referentes à parte física da obra, sem esquecer naturalmente, o que aqui fica dito quanto ao âmbito.

A ser assim, o conhecimento prévio do local e condições de implantação da obra antes da elaboração da proposta, pode consistir numa obrigação?

Essa necessidade (não parece ser uma obrigação, salvo de o caderno de encargos assim o dispuser, mas os riscos correm por conta do interessado) pode depreender-se do texto do n.º 2 do art. 63.º do CCP, que recomenda que "na fixação do prazo para a apresentação das propostas, deve ser tido em conta o tempo necessário à sua elaboração em função da natureza, características, do volume e da complexidade das prestações objecto do contrato a celebrar, em especial dos aspectos da sua execução submetidos à concorrência pelo caderno de encargos, bem como a necessidade de prévia inspecção ou visita a locais ou equipamentos, por forma a permitir a sua elaboração em condições adequadas e de efectiva concorrência."

No Decreto-Lei n.º 59/99, de 2 de Março, a oportunidade, como regra base para a apresentação dos erros e omissões deste tipo, digamos assim, era o seu registo no auto de consignação, se fossem detectáveis nesse momento, conforme dispunha o art. 156.º, n.º 1 do citado diploma.

O CCP de 2008 retroagiu esse ónus de detecção dos erros e omissões deste teor para muito antes da consignação, antes mesmo da apresentação das propostas.

É por isso necessário reter, que estes aspectos ou dados que se revelem desconformes com a realidade, são os que se referem à "realidade" existente à data da proposta – mais precisamente à data em que se completa o primeiro terço do prazo para a apresentar- pois é esse o momento em que os concorrentes os identificaram e a entidade adjudicante sobre eles se pronunciou.

Atendendo ao facto de, entre esta fase da apresentação das propostas, a adjudicação e a consignação poderem decorrer meses, os aspectos ou dados desconformes com a realidade, podem nesta fase ulterior já ser outros, que os analisados por entidade adjudicante e concorrentes.

Quando isto sucede e acontece com frequência, a solução não difere muito do regimes anteriores , estando essa situação regulada nos artigo 360.º n.º 1, que se refere às modificações das condições locais, na fase de consignação.

Adicionalmente, a experiência dos vários anos de aplicação, primeiro do art. 61.ºe agora do artigo 50.º, para além dos habituais erros de medições e quantidades, patentes em muitos projectos, têm sido frequentes erros e omissões respeitantes a: incompatibilidade do relatório geotécnico com o projecto de fundações; a inexistência de projectos de contenção provisória; a não identificação das manchas de empréstimo; a não identificação dos vazadouros; a não identificação de serviços afectados; a ausência de pré-investigação arqueológica do local de implantação da obra; a inexequibilidade do faseamento construtivo; a incompatibilidade do projecto com as condições existentes no local (aterros posteriores); a falta de estudos hidrológicos; a incompatibilidade das instalações especiais com as estruturas ou com o projecto de acabamentos (falta de coordenação dos projectistas); a incompatibilidade das especificações técnicas em vários documentos (empreitadas com mais do que um projectista...); a incompatibilidade das especificações técnicas com diplomas recentes (empreitadas lançadas com projectos de execução antigos...), com já aqui referimos.

Todas estas situações que são mais frequentes que o admissivel, não podem considerar-se abrangidas pelo dever de diligência objectivamente exigivel aos interessados, face às circunstâncias concretas.

Ainda no que se refere aos dados desconformes com a realidade, uma das causas da desconformidade daqueles com o projecto, pode consistir em informação errada das condições geológicas dos terrenos ou com as características de eventuais construções pré-existentes nos locais.

No que respeita especialmente às condições geológicas, no espaço de tempo concedido para a identificação dos erros na fase de procedimento, mesmo com o melhor grau de *diligência*, não é expectável que os interessados, possam emitir juízos fundamentados sobre *erros e omissões* com essa origem. De facto, e só para dar alguns exemplos mais frequentes detectados na fase de execução de muitas obras, seria muito difícil um interessado detectar na fase de procedimento, se *"as estacas projectadas têm um comprimento inferior ao horizonte de fundação"* ou se, sendo sabido, ou devendo ser, pelo dono da obra, o facto da implantação se situar num terreno arenoso, *"não se encontrava disponibilizado (ou até efectuado) o estudo da contenção provisória "*. Também se podem verificar erros e omissões, gerados pela interferência com infraestruturas existentes nos locais de intervenção (os chamados *serviços afectados)* se o *cadastro de tais infraestruturas não estiver disponível com o Caderno de Encargos "*. Estes são exemplos de erros e omissões que o interessado não é obrigado a identificar, de acordo com a *diligência objectivamente exigível em face das circunstâncias concretas.*

O mesmo se verifica quanto aos *dados de campo* fornecidos ao projectista, que se contiverem inexactidões ou escassa informação, o podem induzir em erro ou omissão involuntária.

Isso motiva, que as omissões não possam ser identificadas pelos projectistas, como não o possam ser, posteriormente pelos interessados.

39 – O que abrange a noção de "espécie ou quantidades de prestações"?

Esta noção constante da alínea b) do n.º 2 do artigo 50º, é aquela que mais se aproxima do conceito estrito de erros ou omissões. Nos termos deste conceito estrito, um "Erro" consiste na incorrecta quantificação no projecto ou no mapa de medições de um trabalho indispensável à execução da empreitada. Por seu turno uma "Omissão" consiste num trabalho indispensável à execução da empreitada, mas que não consta do projecto, ou não consta para efeitos de remuneração do empreiteiro no mapa de medições."

No regime do Decreto-Lei n.º 59/99, de 2 de Março, o momento próprio para a apresentação destes erros e omissões, ocorria após a consignação, nos termos e prazos consagrados no art. 14.º, ou seja no prazo fixado no caderno de encargos da obra em causa, ou na omissão desse prazo no caderno de encargos, então no prazo de 66 dias supletivamente fixado pela lei.

Portanto, no modelo do Decreto-Lei n.º 59/99, os erros e omissões, também não eram apresentados de qualquer modo e a qualquer momento. Eram apresentados nestes prazos e também através duma lista, apresentada ao dono de obra.

No CCP de 2008, o momento para identificar este tipo de erros e omissões deveria ocorrer na fase pré-contratual e no prazo fixado pelo agora revogado no artigo 61.º e se aprresentados já no decurso da execução da obra, seriam suportados pelo empreiteiro em metade do custo do seu suprimento, salvo se diligentemente o não pudessem ter detectado na fase de procedimento.

Com a nova redacção do artigo 50.º, mantém-se as mesmas obrigações sobre os interessados quanto à identificação pré-contratual, com a importante ressalva, que resulta do adjudicatário, o poder também fazer no prazo de 60 dias contados da consignação, na versão do Decreto-Lei 111-B/2017, ou agora com a redação da Lei 30/2021, se não lhe for exigivel que o tivesse feito na fase pré- contratual, porque só são detectáveis após a consignação, facto só pode ser avaliado em boa verdade, caso a caso.

A identificação das espécies e quantidade de prestações necessárias à execução do contrato, é das *identificações pré- contratuais,* aquela que os interessados, apesar de tudo, melhor podem contribuir na fase de concurso, para identificarem quantidades a mais ou a menos.

Se a identificação da existência de quantidades a menos no Mapa patentado, face ao que entende o interessado serem as quantidades devidas, claro que o deve desde logo identificar, pois quando tiver de executar essa actividade, só lhe irá ser pago o que consta do Mapa e não o que na realidade acabará por fazer a mais, de acordo com a medição.

Já quanto às quantidades que estão a mais no Mapa e que o interessado entende que não vão ser executadas de facto, também não irá ser pago por essas quantidades, porque não irão resultar da medição em obra. Neste caso, não identificando esse erro na fase pré-contratual vai onerar o preço da sua proposta, sem necessidade.

Em todo o caso, cumpre aos interessados que tencionam apresentar proposta, avaliar se a identificação na fase pré-contratual do procedimento, de erros de quantidades que se encontram no Mapa patenteado por excesso, é susceptivel de, em cada caso concreto, melhorar ou não a competitividade da sua proposta, ainda que dessa identificação, uma vez aceite pelo adjudicante, beneficiem *em abstracto*, todos os restantes concorrentes.

40 – Como entender o dever de identificar as "condições técnicas de execução impossíveis"?

A alínea c) do n.º 2 do artigo 50.º do CCP, dispõe que os interessados no procedimento, devem identificar junto da entidade adjudicante no primeiro terço do prazo para apresentação da proposta, as "condições técnicas de execução" do objecto do contrato a celebrar que não considerem exequíveis, uma vez que o CCP, considera estas situações como erros e omissões detectáveis na fase pré-contratual.

Vejamos o que possuem os interessados nesta fase, que lhes permita avaliar as condições técnicas de execução: o projecto de execução patenteado, o estudo geológico e geotécnico (se existir) e a visita ao local da obra, se prudentemente a tiverem efectuado. Quanto a tempo útil para identificarem alguma inviabilidade das soluções técnicas preconizadas no projecto, possuem o primeiro terço do prazo para apresentação da proposta. Convenhamos que para tal demanda, as condições não são as ideais.

Acresce que o projecto de execução patenteado contém obrigatoriamente a justificação da implantação da obra; a sua integração nos condicionamentos locais existentes; indicação das caraterísticas dos materiais;

dos elementos de construção, dos sistemas, equipamentos, bem como os cálculos e dimensionamentos das estruturas.

Nas obras classificadas nos termos do n.º 2 do artigo 43.º, o projecto de execução deverá ter sido objecto de revisão nas obras mais relevantes por entidade devidamente qualificada.

Perante estes pressupostos de facto, no que respeita a condições técnicas de execução, a identificação de erros omissões dessa natureza em fase de procedimento, é da maior dificuldade e salvo casos excepcionais de erros tão evidentes que qualquer destinatário normal os identificaria, é praticamente impossível, pois excede claramente o que é proporcionalmente exigível face às circunstâncias concretas.

Seguramente por isso, os erros ou omissões que se inserem na alínea c) do n.º 2 do artigo 50.º por vezes identificados em fase pré-contratual, são os que derivam da falta de compatibilização dos vários projectos, nomeadamente a "compatibilização do projecto de arquitectura com os vários projectos das especialidades ", sendo neste âmbito, mais acessível aos interessados identificar erros e omissões. Essa identificação pressupõe em qualquer caso, um nível de análise do projecto, que na nossa opinião excede a diligência objectivamente exigível aos interessados.

Acresce que a *compatibilização do projecto,* é uma das funções da *revisão* e é obrigação especial do coordenador de projecto, assegurar essa compatibilização. Se o projecto chega à fase de procedimento com erros ou omissões desta natureza, certamente isso não deveria suceder.

Não se afigura assim razoável, entender que a capacidade de detectar as incompatibilidades, não identificadas pela própria revisão *de projecto* e pela *coordenação de projecto,* seja possível, mais tarde e em tempo muito limitado, ser feita por um interessado, sem capacidade específica na área de projecto (na melhor das hipóteses é um empreiteiro geral) por muita *diligência* que dedique á referida identificação. A incapacidade da entidade empreiteira, para identificar em fase de procedimento os erros das *especialidades* é, por conseguinte, notória e de algum modo entendível, pois os "*seus especialistas*" nessas matérias, são entidades a contratar na sequência da adjudicação e não estão presentes para os assessorar na fase concursal."

Ainda na fase de procedimento, alguns dos erros e omissões podem referir-se ao incumprimento no projecto, de exigências normativas ou regulamentares. Em todo o caso, o projecto de execução patenteado, já deve salvaguardar para cada tipo de obra, que as soluções adoptadas cumprem as disposições legais e regulamentares em vigor.

A obrigação de identificação e comunicação à entidade adjudicante, deste tipo de situações na fase do procedimento, afigura-se assim e seguramente uma das a mais difíceis de gerir pelos concorrentes.

O conceito de "condições técnicas de execução", só se entende se tiver a ver com métodos, procedimentos, tecnologias, equipamento e materiais, os quais na sua conjugação e utilização racional, conduzem a determinado objectivo. Esta é uma definição possível de ser adoptada para determinar o que é exigido aos interessados verificar, nos termos da alínea c) do n.º 2 do arigo. 50.º.

À partida, esta disposição tem de resultar da analise previamente feita pelo interessado, dos factores constantes das alíneas a) e b).

Com efeito, nas restantes situações do artigo 50 º, n.º 1, através duma visita ao local dos trabalhos, pode em muitos casos e ainda na fase de concurso, serem detectadas desconformidades com a realidade. Igualmente uma leitura das peças do projecto, pode identificar alguns erros quantitativos.

Mas avaliar "condições técnicas" *inexequíveis,* implica com a própria solução de cada um dos trabalhos que compõem a empreitada. Implica a utilização dum equipamento ou doutro. Implica a utilização dum método construtivo ou outro. Implica a execução de trabalhos em determinado momento ou noutro. Com recursos diversos dos previstos ou não, etc.

Afigura-se muito desproporcionada, a exigência desta identificação por todos os interessados. Na verdade, a ser feita com seriedade, trata-se dum "investimento" pouco recomendável à economia das empresas.

Não é compreensível que um interessado, numa fase de mero concurso, com mais concorrentes interessados cujo número e identificação desconhece, invista recursos na identificação de "condições técnicas não exequíveis", quando essa sua pesquisa e trabalho, pode resultar inconsequente para si mesmo, pois pelo mero valor das propostas, pode no final conduzir à adjudicação da obra a outro concorrente, que nada identificou quanto a essa situação.

41 – O que se pode considerar como diligência objectivamente exigível face às circunstâncias concretas?

Trata-se de uma noção absolutamente subjectiva introduzida pelo CCP em 2008 e enquanto subsistir com esta latitude, será sempre causa de divergências, problemas e arbitrariedades.

Depois de muita discussão doutrinária, pode ser dado por assente que a identificação exigida aos concorrentes não é uma revisão de projecto. As obras que têm de ser objecto de revisão de projecto, estão definidas no artigo 43.º e essa obrigação pertence à entidade adjudicante.

A identificação com a diligência objectivamente exigível face às circunstâncias concretas, é um dever de colaboração dos interessados num procedimento de obras públicas.

Essa "diligência objectivamente exigível" tem de conformar-se dentro dos limites da proporcionalidade e da razoabilidade, não estando os interessados vinculados a detectar erros e omissões que a própria revisão de projecto (feita por outro projectista, claro) não logrou identificar, ou quando as soluções de obra não tenham sido objecto de revisão, substituir-se ao revisor. Seria tão absurdo, que não justifica maior comentário.

Estando, segundo a lei, a obrigação de identificação estendida a todas as peças de procedimento incluindo o caderno de encargos, será razoável que a identificação requerida aos interessados, se refira à conformidade das condições físicas dos locais com o que consta das peças patenteadas; às medições dos projectos e à sua conformidade com o mapa de quantidades e nas peças desenhadas; a contradições evidentes entre as peças desenhadas e escritas e a soluções técnicas preconizadas no projecto, que flagrantemente se encontrem erradas.

Ainda que a obrigação de identificação seja razoavelmente entendida como restrita a aspectos que um empreiteiro – o qual não é projectista-tenha o dever de detectar, sempre terá de ser levado em consideração o factor temporal. Estando este dever de identificação limitado ao primeiro terço do prazo para a apresentação das propostas, se este período for muito curto, torna evidente que a entidade adjudicante não tem grandes expectativas na amplitude dessa colaboração.

ANOTAÇÕES

1 – **Paulo Linhares Dias**, A responsabilidade pelos trabalhos imprevistos- O caso concreto dos erros e omissões e detectáveis na fase-pré- contratual, Revista de Direito Administrativo Ano II N.º 4

2 – **Rui Medeiros**, Estudos de Contratação Pública II, Coimbra Editora

3 – **Gonçalo Guerra Tavares e Nuno Monteiro Dente**, Código dos Contratos Públicos Vol. I Almedina

4 – **Jorge Andrade Silva**, Código dos Contratos Públicos Anotado 3.ª edição, Almedina, Notas ao artigo 61.º

42 – Quais as obrigações dos concorrentes quanto às deficiências dos projectos?

Até 2008, no que se refere às obrigações dos concorrentes quanto às deficiências dos projectos que eram patenteados pelos donos de obra, a disposição legal constava do artigo 14.º do Decreto-Lei 59/99 de 2 de Março e tinha uma redacção cristalina.

O empreiteiro, já adjudicatário, tinha a obrigação de no prazo fixado no caderno de encargos, que não podia inferior a 15 dias, ou se isso não constasse, supletivamente no prazo de 66 dias, reclamar: a) contra erros e omissões de projecto relativos à natureza ou volume dos trabalhos, por se verificarem diferenças entre as condições locais existentes e as previstas ou entre os dados em que o projecto se baseia e a realidade; b) contra erros de cálculo, erros materiais ou outros erros ou omissões das folhas de medição discriminadas e referenciadas e respectivos mapas – resumo de quantidades, de trabalhos, por se verificarem divergências entre estas e o que resulta das restantes peças do projecto.

Após a entrada em vigor do Código dos Contratos Públicos (CCP) em 2008, a questão dos erros e omissões nos procedimentos contratuais, passou a constituir um tema relevante da contratação. Não tanto pela obrigação de deteção pelo adjudicatário, pois isso já sucedia na legislação revogada, mas na extensão da obrigação da sua identificação na fase pré-contratual por todos os interessados no procedimento, podendo depois, aquele que vier a ser o adjudicatário ser penalizado na fase de execução do contrato, por não ter cumprido na fase pré contratual, essa obrigação de identificação.

O regime de identificação na fase de procedimento, estava consagrado no artigo 61.º do CCP, posteriormente revogado pelo Decreto-Lei 111-B/2017 de 31 de Agosto, mas transcrito de modo semelhante, em boa parte do seu conteúdo, para o actual artigo 50.º do CCP.

Com a revisão operada em 2017 pelo Decreto-Lei 111-B/2017 de 31 de Agosto, poderia o legislador ter regressado ao regime de erros e omissões do Decreto-Lei 59/99, revogando a obrigação da identificação pré-contratual. Ao invés, a versão do CCP de 2017, produz uma espécie de *regime misto*, em que se manteve essa obrigação, mas cujo incumprimento, poderia ser agora superado pelo adjudicatário, em determinado prazo, após a consignação da obra, mais concretamente nos 60 dias após a consignação. Esta contradição notória entre os deveres fixados no artigo 50.º e o modo como se poderia suprir essa falta através do artigo 378.º, foi, entretanto, corrigida pela nova redação do artigo 378.º decorrente da Lei 30/2021 de 18 de Maio.

Em todas as peças procedimentais, em todos os projectos, em todos os cadernos de encargos, haverão sempre de surgir erros e omissões.

O que se tornou muito controverso no regime de erros e omissões do CCP de 2008, foi a intervenção pré-contratual obrigatória pelos interessados no procedimento, na identificação de erros e omissões de peças procedimentais, que de todo, não são da sua responsabilidade, pois haviam sido elaborados por terceiros, escolhidos exclusiva e directamente pelas entidades adjudicantes, boa parte dos quais até tinham sido objecto de dupla verificação, pela revisão de projecto.

Acresce a isto, que o CCP de 2008, nunca definiu na lei o que entendia serem erros e omissões.

Limita-se a enunciar as situações em que os interessados deveriam identificar os erros e as omissões, (que, repete-se, não definiu) o que constitui algo bem diferente. Assim, antes, como agora, mantém-se o ónus dos interessados, concorrentes ou convidados num procedimento, de identificarem na fase pré-contratual os erros e omissões que digam respeito a: 1) Aspectos ou dados que se revelem desconformes com a realidade; 2) Espécie ou quantidades de prestações estritamente necessárias à integral execução do objecto do contrato a celebrar; 3) Condições técnicas de execução do objecto do contrato a celebrar que o interessado não considere exequíveis.

Ora, tudo isto não é de facto mais que a descrição com uma linguagem cifrada e menos transparente que aquilo que constava sobre o que se deveria considerar como *erros ou omissões a identificar*, na redação do artigo 14.° do Decreto-Lei 59/99.

De facto, os "*Aspectos ou dados que se revelem desconformes com a realidade*" do artigo 50.° do CCP, são as "diferenças *entre as condições locais existentes e as previstas ou entre os dados em que o projecto se baseia e a realidade*" do artigo 14.° do Decreto-Lei 59/99. Também a "*espécie ou quantidades de prestações estritamente necessárias à integral execução do objecto do contrato a celebrar*" equivalem aos "*erros ou omissões das folhas de medição discriminadas e referenciadas e respectivos mapas – resumo de quantidades, de trabalhos, por se verificarem divergências entre estas e o que resulta das restantes peças do projecto*".

Apenas as "*condições técnicas de execução*" são uma novidade legislativa, como erro ou omissão do projecto, embora sobre a possibilidade de identificação de situações desta natureza na fase pré-contratual, seja muito duvidosa.

A legislação nacional sobre trabalhos adicionais introduzida pelo CCP de 2008, que as alterações posteriores não fizeram precludir, implica que antes de *ordenar* a realização de *Trabalhos Adicionais* ou agora designados *Trabalhos Complementares*, aos trabalhos contratuais (constantes da Lista de Preços Unitários e Mapa de Quantidades) , se proceda à classificação de cada específico trabalho, como ***Trabalho Complementar na acepção genérica do artigo 370.° do CCP***, ou como ***Trabalho Complementar que se destine ao Suprimento de Erros ou Omissões para os efeitos do artigo 378.°***, neste se incluindo os erros ou omissões do Projecto de Execução.

ANOTAÇÕES

1 – Pedro Costa Gonçalves, Responsabilidade pelo pagamento de trabalhos de suprimento de erros e omissões dos cadernos de encargos de empreitadas de obras públicas, Revista de Contratos Públicos n.° 19

2 – Pedro Fernandez Sanchez, Direito da Contratação Pública I

3 – Sérvulo Correia e **António Cadilha**, O Regime da Responsabilidade por Erros e Omissões, Revista da Ordem dos Advogados 69.ª.

43 – Quais os erros e omissões fora do âmbito de obrigação de identificação na fase de procedimento?

Nos termos do n.º 3 do artigo 50.º, encontram-se fora da obrigação de identificação, os erros e omissões do projeto de execução que não se incluam nas alíneas a), b) e c) do n.º 2 do mesmo artigo.

Importa aqui ter em conta que o n.º 1 do artigo 50.º alarga a todas as peças do procedimento a obrigação de identificação de erros e omissões. O n.º 2 enuncia especificamente que considera como erros e omissões das peças de procedimento os seguintes: a) Aspetos ou dados que se revelem desconformes com a realidade; b) Espécie ou quantidade de prestações estritamente necessárias à integral execução do objeto do contrato a celebrar; c) Condições técnicas de execução do objeto do contrato a celebrar que o interessado não considere exequíveis; d) Erros e omissões do projeto de execução não se incluam nas alíneas anteriores.

Conjugado o que dispõe o n.º 1 e o n.º 3 do artigo 50.º, tem de se concluir que só estão excluídos da obrigação de identificação os erros e omissões do projecto de execução que não se incluam nas alíneas a), b) e c) do n.º 2. Ora não se pode confundir o projecto de execução, com as peças do procedimento, do qual aquele é apenas uma parte. Os erros e omissões das restantes peças de procedimento, para além do projecto de execução, não ficam excluídas da obrigação de identificação nos termos do n.º 3 doi artigo 50.º-

Ora, o projecto de execução é uma das peças do procedimento e encontra-se definida em geral no artigo 7.º da Portaria 701-H/2008 e nas várias outras disposições sobre o seu conteúdo obrigatório e elementos especiais para as várias espécies de obras, enunciados no Capítulo II do diploma.

Por conseguinte, o que se encontra excluído da obrigação de identificação, são os aspectos não descritos nas alíneas a), b) e c) do n.º 2, do conteúdo do projecto de execução e apenas nesta peça do procedimento.

Se for feita a verificação dos elementos especiais do projecto de execução de cada uma das espécies de obras consideradas na Portaria 701-H/2008, será fácil concluir, que poucos ou um mesmo nenhum dos elementos obrigatórios, não se enquadrem de algum modo nos aspectos descritos nas alíneas a), b) e c) do n.º 2 do artigo 50.º.

Os erros e omissões referidos na alínea d) do n.º 2, que não se incluam nas alíneas a) b) e c) do n.º 2 do mesmo artigo, são de facto residuais ou excepcionais.

Daí que seja mais habitual, o adjudicatário confrontado na fase de execução com a responsabilidade repartida no custo do suprimento de erros e omissões, formule a sua defesa normalmente na impossibilidade de identificação com a diligência objectivamente exigível face às circunstâncias concretas, e não na exclusão dessa obrigação com base no n.º 3 do artigo 50.º.

44 - Existe um dever de pronúncia da entidade adjudicante, quanto às listas de erros e omissões que lhe são apresentadas?

A obrigação estatuída pelo artigo 50.º do CCP, de os concorrentes, identificarem *expressa e inequivocamente os erros omissões do caderno de encargos detectados* (salvo os que com a diligência objectivamente exigível em face das circunstâncias concretas, não possam fazer) exerce-se num determinado momento do prazo para a apresentação das propostas: deve ocorrer até ao final do 1/3 do prazo fixado para a respectiva apresentação.

No entanto, porque nos termos da redacção original do artigo 50.º, existia um primeiro prazo (até ao final do primeiro terço) para serem solicitados esclarecimentos e outro prazo (até ao final do segundo terço) para o órgão competente responder, era normal aguardar-se pelas conclusões da fase de esclarecimentos, evitando assim a identificação de erros e omissões, que poderiam ser rectificados pelo adjudicante, por sua própria iniciativa, na decorrência dos pedidos de esclarecimento. Isto acontecia frequentemente.

Na redacção do artigo 50.º do CCP de 2008, (e também na actual) ao invés do que sucedia com os erros e omissões identificados , como adiante veremos, os esclarecimentos pedidos, teriam mesmo de ser expressamente prestados por escrito aos interessados, pelo órgão competente.

> *"Os esclarecimentos a que se refere o número anterior são prestados por escrito, pela entidade para o efeito indicada no programa do procedimento, até ao termo de segundo terço do prazo do prazo fixado para a apresentação das propostas."* (redacção de 2008 do n.º 2 do artigo 50.º)

Na vigência da redacção do CCP de 2008, uma vez apresentados os erros e omissões pelos interessados até ao termo do 5/6 do prazo, o órgão competente para os avaliar e sobre eles decidir, tinha em aberto três opções:

a) A primeira opção, uma vez verificado pelo júri o volume das identificações detectadas, entender que conseguia avaliá-los dentro do prazo que ía do termo do 5/6 ao termo do 6/6, período em que o prazo para a entrega das propostas *estava obrigatoriamente suspenso.*
b) A segunda opção, uma vez visto pelo júri o volume das identificações detectadas, entender que não conseguia avaliá-los dentro do prazo que iria do termo do 5/6 ao termo do 6/6 e desde logo comunicar aos interessados que o prazo para a entrega das propostas estava suspenso nos termos do n.º 4 do art. 61.º.
c) A terceira opção, se tivesse optado inicialmente pela solução da alínea a) anterior e verificar que afinal, não consegue fazer a avaliação dentro desse período, deveria comunicar aos interessados, que o prazo para a entrega das propostas passava a estar suspenso nos termos do n.º 4 do artigo 61.º. Mas, nesta opção, teria de fazer essa comunicação, no limite, até ao termo do prazo do 6/6.

Se não optasse pela via descrita na alínea b) ou alínea c) anteriores, o órgão competente sabia, que findo esse prazo – sem *decisão expressa* – retoma-se a contagem do prazo para apresentação das propostas, por período idêntico ao que esteve suspenso, considerando legitimamente os concorrentes, que todos os erros e omissões identificados, foram rejeitados, por não ter sido publicada nenhuma *decisão expressa.*

Nestas condições os concorrentes teriam de apresentar a proposta até à hora fixada nesse último dia. A entidade adjudicante já não poderia sequer prorrogar o prazo depois, *pois esta só tem sentido quando promovida anteriormente ao término do prazo, uma vez que não é possível prorrogar o que está expirado".*

Apesar da redacção do artigo 61.º, pouco feliz e confusa, a chamada *"rejeição tácita por omissão de pronúncia"*, era o regime dos erros e omissões identificados na fase de procedimento.

Alguns juristas não se conformaram com esta possibilidade de *omissão de pronúncia*, invocando que a lei consagrava um *"dever de pronúncia da entidade adjudicante"* quanto aos erros e omissões identificados pelos concorrentes, apesar dessa tese, notoriamente tirar qualquer sentido útil *à vontade do legislador* plasmada no n.º 3 do artigo 61.º do CCP.

Mas, afirmavam os defensores da tese do *dever de pronúncia* (controvérsia que a redacção actual do artigo 50.º, não só não resolve, como possivelmente até agrava) que a salvaguarda do princípio da concorrência, só fica devidamente assegurado se interpretássemos o antigo artigo 61.º do CCP, como consagrando um verdadeiro dever de pronúncia da entidade adjudicante sobre as listas de erros e omissões.

Mas, na verdade, não é isso que estava – e continua a não estar – na lei. Aliás, é o contrário disso, que estava claro no n.º 3 do artigo 61.º do CCP, e que, portanto, não deveria suscitar qualquer dúvida interpretativa.

Se dúvidas interpretativas poderiam haver no artigo 61.º, elas radicavam-se por exemplo nos *"deveres de diligência dos concorrentes"*, mas nunca no sentido da opção legislativa do n.º 3 do artigo 61.º, onde transparente e claramente, o legislador *escreve*: "(...) *considerando-se rejeitados todos os* (*erros* e omissões) *que não sejam por ele* (órgão competente) *expressamente aceites.*"

Agora, na redacção que sobre esta questão, o legislador consagrou no artigo 50.º n.º 3 (que absorveu o revogado artigo 61.º) ou seja: *b) O órgão competente para a decisão de contratar pronuncia-se sobre os erros e omissões identificados pelos interessados, considerando-se rejeitados todos os que, até ao final daquele prazo, não sejam por ele expressamente aceites* "

Assim, nos termos do actual artigo 50.º, existe apenas um único prazo (até ao final do primeiro terço) para serem solicitados esclarecimentos e no mesmo prazo identificar os erros e omissões do caderno de encargos.

Até ao final do segundo terço do prazo, o órgão competente responde:

– Obrigatoriamente aos pedidos de esclarecimento;

– Obrigatoriamente à detecção dos erros e omissões apresentados pelos interessados **que aceite**, sobre os **quais deve identificar os termos do suprimento,** considerando-se rejeitados, todos os que não sejam expressamente aceites;

A aceitação de erros e omissões tem de ser *expressa* e a lei obriga o órgão competente, a definir *os termos do suprimento.*

Decisões dos tribunais

A interpretação deste *dever ou não dever* de pronúncia, apesar de ter sido objecto de litigância em vários procedimentos judicias, raramente a matéria foi objecto de apreciação por tribunais superiores.

Mas existe pelo menos um caso concreto, sobre o qual há jurisprudência quer do Tribunal Central Administrativo Sul (TCAS), quer do Supremo Tribunal Administrativo (STA).

O Acórdão do TCAS (Acórdão de 16/02/2017 Proc. 172/16 2BEFUN do TCAS, Relatora: Cristina dos Santos) considera que "a *suspensão determinada no artigo, 61.º n.º 3 CCP só* ***cessa:***

(i) Com a ***pronúncia expressa*** *da entidade adjudicante sobre os erros e omissões identificados ou,*

(ii) Na ***ausência de decisão expressa,*** *com o termo do prazo inicialmente fixado para a apresentação das propostas constante do Anúncio (pontos 10 e 15) e do Programa do Procedimento "*

E mais adianta o Acórdão, citando Mário Esteves de Oliveira: "*(...) O prazo para a pronúncia da entidade adjudicante sobre se reconhece ou não a existência de erros e omissões identificados* ***corre até ao termo do prazo para apresentação das propostas (art.º 61.º/5), entendendo-se que, se não se pronunciou expressamente até aí, que não reconheceu ou não aceitou*** *existirem os erros ou omissões identificadas (...)*

(...) A aceitação, por parte da entidade adjudicante, de erros ou omissões ***em momento próximo ao termo do prazo de apresentação das propostas,*** *deve levar a uma prorrogação desse prazo, desde que tais erros ou omissões, mesmo não alterando aspectos fundamentais das peças do procedimento (aí já vale o art.º 64.º/2) não possam razoavelmente ser supridos (pelos concorrentes) no tempo restante (...)*

No mesmo sentido (...) A apresentação da lista de erros e omissões por qualquer interessado... ***suspende o prazo fixado*** *para a apresentação das propostas,* ***desde o termo do quinto sexto daquele prazo (artigo 61.º n.º 3)."***

No silêncio da entidade adjudicante, os interessados terão de entender que há ***ausência de decisão expressa ".***

No mesmo sentido, na decisão sobre recurso interposto do Acórdão do TCAS, atrás citado, o STA, (Acórdão de 26/10/2017 Proc. 547/17-11 do STA, Relatora: Maria Benedita Urbano) vem confirmar que "Ao *contrário do que sucede em relação às rectificações e esclarecimentos, em que o legislador expres-*

samente admite que as mesmas sejam comunicadas fora do prazo (artigo 64.º n.º 1 e 2 do CCP) no caso de aceitação de erros e omissões não está prevista idêntica possibilidade (artigo 61.º n.º 3 e 64.º n.º 2). Com efeito, além deste elemento comparativo, o n.º 3 do artigo 61.º, de forma expressa dispõe que" A apresentação da lista referida no numero anterior por qualquer interessado, suspende o prazo fixado para a apresentação das propostas desde o termo do quinto sexto daquele prazo até à publicitação da decisão prevista no n.º 5 ***ou não havendo decisão expressa, até ao termo do mesmo prazo".*** *Em suma, se findo o prazo do n.º 3 do artigo 61.º, o órgão competente para a decisão de contratar nada tiver decidido (decidir desse prazo; lançar mão do n.º 4 do artigo 61.º; socorrer-se do n.º 2 do artigo 64.º) , as propostas só podem ser apresentadas até ao termo do prazo fixado para a sua apresentação , podendo ainda concluir-se, nos termos do n.º 5 do artigo 61.º do CCP, que devem considerar-se rejeitados todos os erros ou omissões que não tenham sido expressamente aceites pelo órgão competente para a decisão."*

A actual redacção do artigo 50.º, não prevê a suspensão de prazo para a apresentação de proposta, por via da identificação de erros e omissões comunicadas ao júri até ao final do primeiro terço do prazo. Prevê que o órgão competente para a decisão de contratar, se pronuncie sobre essas listas até ao final do segundo terço, *considerando-se rejeitados todos os que não forem expressamente aceites* ".

Por conseguinte, continua a não existir na lei, qualquer *dever de pronúncia,* sobre os erros e omissões identificados pelos interessados, fosse no regime da redacção do artigo 61.º, seja agora no regime do artigo 50.º.

Em consequência disso, os interessados devem considerar – findo o segundo terço do prazo – rejeitados todos os erros e omissões identificados que não tenham obtido aceitação expressa e preparar a elaboração das suas propostas, com este pressuposto.

No entanto, se após o segundo terço do prazo e até ao final do prazo para a apresentação das propostas, a entidade adjudicante, vier, nos termos do que agora é permitido pelo n.º 7 do artigo 50.º, proceder oficiosamente à rectificação de erros ou omissões das peças de procedimento (embora para além do prazo que a lei para isso lhe concedeu – o segundo terço), o interessado, deve reformular a sua proposta tendo em conta essas alterações.

Se já tiver submetido a proposta (ninguém é obrigado a entregar no último dia!) deve retira-la e entregar nova proposta, no novo prazo que for fixado, na comunicação da entidade adjudicante, que introduziu rectificações nas peças do procedimento, já depois do final do segundo terço.

Mas fica claro, que continua a não existir dever se pronuncia da entidade adjudicante, quanto aos erros e omissões que são identificados pelos interessados na fase de procedimento, considerando-se rejeitados, todos os que não forem expressamente aceites.

IV
Trabalhos Complementares

45 - Quais os procedimentos prévios à decisão de ordenar a execução de um trabalho complementar?

A necessidade de executar um trabalho complementar deve ser precedida de alguns actos das partes envolvidas, nomeadamente do dono da obra, da fiscalização, do gestor do contrato, do projectista e do empreiteiro.

Assim, a deteção da necessidade de executar um trabalho complementar tem de provir de alguém. Independentemente da origem, seja qual for a fonte da identificação, deve a fiscalização ou o gestor do contrato, emitir uma informação escrita sobre essa necessidade.

Para tanto, se a identificação da necessidade não tiver surgido do próprio projectista, este deve ser consultado para emitir parecer, sempre que o trabalho a executar implique alteração ao projecto ou determine a entrega de novas soluções de obra ao empreiteiro.

Na posse do parecer do projectista, salvo se a ordem originária já tenha sido do próprio dono da obra, deve a fiscalização ou o gestor do contrato (depende como as funções estão distribuídas na obra em causa) informar o dono da obra sobre a necessidade da realização do trabalho complementar, descrevendo as causas pela qual isso sucedeu.

Igualmente deve emitir uma primeira opinião sobre se o trabalho complementar é um trabalho que resulta de um erro ou omissão do caderno encargos, no qual se inclui o projecto de execução e se o empreiteiro terá identificado esse erro ou omissão no momento em que isso lhe era exigível (artigo 50.º n.º 1 e artigo 378.º n.º 3 e 4) ou se tal erro ou omissão, não era exigível que fosse identificado pelo cocontratante em qualquer dos momentos referidos.

Na posse desta informação o dono de obra decide de acordo com a fiscalização ou o gestor do contrato ou decide de modo diverso.

Uma vez decidido proceder á contratação do trabalho contratual nos termos definidos pelo dono da obra, deverá a fiscalização iniciar os procedimentos constantes do artigo 373.º do CCP.

ANOTAÇÕES

1 – Jorge Andrade Silva, Apontamentos sobre o limite dos trabalhos complementares na empreitada de obras públicas, Revista de Direito Administrativo n.º 4.

2 – Ana Gouveia Martins, Os trabalhos a mais e de suprimento de erros e omissões/trabalhos complementares na jurisprudência do Tribunal de Contas, Revista de Direito Administrativo N.º Especial 2 .

3 – Jorge Andrade Silva, O Tribunal de Contas e os trabalhos complementares na empreitada de obras públicas, Revista de Direito Administrativo N.º Especial 2

4 – Paulo Linhares Dias, O que são trabalhos complementares? Revista de Direito Administrativo N.º Especial 3

46 – Como fixar o preço dos trabalhos complementares?

O modo de fixação do preço e do prazo de execução dos trabalhos complementares, encontra-se regulado no artigo 373.º do CCP. Debruçamo-nos aqui sobre o preço.

Quanto ao preço, tratando-se de trabalhos da mesma espécie de outros previstos no contrato e a executar em condições semelhantes, é aplicável o preço contratual, que consta da lista de preços unitários da proposta adjudicada.

No caso de se tratar de trabalhos de espécie diferente ou da mesma espécie de outros previstos no contrato, mas a executar em diferentes condições, deverá o empreiteiro apresentar uma proposta de preço e prazo de execução.

Importa aqui definir o que são trabalhos da mesma espécie e de espécie diferente e o que se considera como condições semelhantes e condições diferentes.

Como trabalhos da mesma espécie, terão de se considerar aqueles trabalhos cuja descrição está suficientemente densificada na lista de preços unitários, de tal modo que não se torna necessário decompor o preço de qualquer artigo da lista, para se determinar o respectivo preço unitário contratual. Nestas condições o preço do trabalho complementar obtém-se a partir do preço unitário, multiplicado pela quantidade a executar.

O trabalho complementar irá ser executado de acordo com esse preço, sem prejuízo da revisão de preços ordinária ou extraordinária conforme legislação especial em vigor.

Apesar dos preços unitários contratuais da proposta, poderem ser aplicados a todos os trabalhos complementares da empreitada que o dono a obra entenda ordenar, os preços contratuais não são perpétuos. Entendemos que o empreiteiro está vinculado à execução de trabalhos complementares de acordo com esses preços, dentro do período fixado para a execução da empreitada, constituindo isso um risco contratual do empreiteiro.

Se o prazo da empreitada derrapar por motivos imputáveis ao dono da obra e já para além do prazo contratual inicial, o empreiteiro for chamado a executar trabalhos complementares pelos preços contratuais da sua proposta, é legitimo invocar que tais trabalhos estão a ser executados em diferentes condições e por conseguinte, não são susceptiveis de lhes ser automaticamente aplicado o preço unitário da proposta. Esta questão pode naturalmente ser controversa.

O preço contratual é um preço que engloba o material propriamente dito, a mão de obra e os equipamentos de apoio. A sua disponibilidade e o seu preço têm de estar garantidos para o período contratual. Mas fora desse período, repete-se, por facto imputável ao dono da obra e não ao empreiteiro, a situação torna-se diferente, pois os preços que o empreiteiro terá contratado com terceiros fornecedores e subcontratados podem, entretanto, variar. Se os preços variarem dentro do prazo contratual para a actividade em causa, é um risco que o empreiteiro tem de assumir, mas não pode ser exigível pelos princípios da proporcionalidade e boa-fé que os mantenha para além desse período.

Quanto ao que deve entender por condições semelhantes, isso ocorre quando o momento da ordem de execução permita o aprovisionamento dos materiais, mão de obra e equipamento de apoio, também no momento em que de acordo com o plano de trabalhos, a actividade em que se insere o trabalho complementar está em execução ou está previsto que tenha de ser executada mais tarde. Verificados estes pressupostos, consideramos que se verificam condições semelhantes.

Ao invés, se a ordem de execução do trabalho complementar se referir a actividade que no plano de trabalhos já cessou e não existem trabalhos contratuais dessa natureza a executar mais tarde, então estaremos já em condições diferentes.

Como exemplo, a construção de um edifício tem uma fase inicial de escavação, que terá um preço unitário na proposta. Não se pode considerar como trabalho complementar em iguais condições, se durante a fase de acabamentos, o dono de obra emitir uma ordem de execução de um trabalho de escavação em algum local da obra, portanto completamente fora do período de execução de tal actividade no plano de trabalhos. Naturalmente o equipamento próprio alocado a essa espécie de trabalho ou já se encontram noutro local ou a ter sido alugado por um terceiro, tratar-se-á de um novo contrato e de um novo preço com o fornecedor do equipamento necessário. Esta situação fica claramente fora dos riscos do contrato, na nossa opinião.

Vejamos agora como se procede, nos casos em que não restarão dúvidas que o trabalho complementar é de espécie diferente dos previstos no contrato ou de espécie igual, mas a executar em diferentes condições.

Consultas ao mercado

Importa clarificar desde já que lei não prevê comunicações exploratórias – salvo informais – entre dono da obra e empreiteiro para definir ou decidir se um trabalho complementar será ou não para executar. Sendo compreensível e até aconselhável, que o dono da obra pretenda saber o custo previsível de um determinado trabalho não previsto no contrato, deve fazer uma consulta ao mercado.

O pedido de preço e prazo ao empreiteiro deve ser acompanhado dos elementos de solução de obra necessários à sua completa definição e execução.

O prazo de 15 dias estabelecido no n.º 2 do artigo 373.º, com a nova redação da Lei 30/2021, inicia-se quando o pedido de preço e prazo for acompanhado dos elementos de solução de obra necessários à sua completa definição e execução. Esta exigência não é cumprida, se não for entregue ao empreiteiro em simultâneo com o pedido de preço e prazo, os elementos de solução, ou seja, peças de projecto e cálculos se for o caso, que contenham a completa definição e permitam- sem mais – a execução do trabalho complementar.

Uma vez entregue pelo empreiteiro a sua proposta, o dono da obra terá de se pronunciar em 15 dias aceitando expressamente a proposta ou apresentar uma contraproposta, estabelecendo a lei que no silencio do dono da obra até ao termo desse prazo, a proposta do empreiteiro considera-se aceite.

O n.º 4 do artigo 373.º determina que na falta de acordo entre as partes, os trabalhos sejam executados pelo preço e prazo da contraproposta do dono da obra, podendo o empreiteiro obter a respectiva correção apenas por via judicial ou arbitral, neste caso se prevista no contrato.

ANOTAÇÕES

1 – Na nossa opinião, a mera rejeição da proposta de preço e prazo apresentado pelo empreiteiro, sem que a comunicação contenha uma contraproposta equivale a ausência de pronuncia, pois de outro modo, esvaziaria de conteúdo a aceitação tácita vertida no n.º 4 do artigo 373.º. De facto, se o empreiteiro dispôs de 15 dias para apresentar preço e prazo, não se vislumbra a razão porque no mesmo prazo o dono da obra não esteja vinculado a apresentar a sua contraproposta. Se rejeita a proposta será porque entende o prazo e/ou o preço excessivo. Então se assim o entende, sabe certamente qual será o prazo e o preço correcto no seu entendimento e deve comunica-lo na contraproposta, nos termos da qual o empreiteiro é obrigado a executar o trabalho, conforme n.º 5 do mesmo artigo. In José Manuel Oliveira Antunes, Código dos Contratos Públicos- Regime de Erros e Omissões,2.ª edição, Almedina 2009, pág. 186.

2 – Em sentido contrário, Jorge Andrade Silva entende que esta interpretação não se compagina com o facto de o n.º 4 subordinar esse efeito à condição do dono da obra, sobre a sua proposta, não ter efectuado nenhuma comunicação ao empreiteiro no prazo legal. In Jorge Andrade Silva Código dos Contratos Públicos Anotado 9.ª edição, Almedina 2021, Nota 2497, pág. 996.

3 – José Manuel Oliveira Antunes, Código dos Contratos Públicos – Regime de Erros e Omissões, Almedina 2009.

4 – Jorge Andrade Silva, Código dos Contratos Públicos Anotado, Almedina 9.ª Edição, em nota ao artigo 373.º.~

5 – Sandra Tavares Magalhães, A consulta preliminar ao mercado Revista de Contrato Públicos n.º 2,.

47 – Como formalizar a ordem de execução dos trabalhos complementares?

O artigo 375.º determina apenas, que definidos todos os termos e condições a que deve obedecer a execução dos trabalhos complementares, o dono da obra e o empreiteiro devem proceder à respectiva formalização por escrito, o que convenhamos não é suficientemente esclarecedor.

Como certo terá de se considerar, que o documento escrito, seja um contrato adicional ou uma ordem de execução tem de ser outorgado pelo dono da obra e pelo empreiteiro.

Se o empreiteiro receber a ordem de execução, cumpridas previamente todos os procedimentos do artigo 373.º, deve assinar a referida ordem de execução escrita, pois se deve ser formalizada por ambos, não se trata, por conseguinte, duma declaração meramente recepticia, ou seja, não basta que receba a ordem de execução: É preciso que a assine, podendo nele colocar todas as reservas que entender. O prazo de execução inicia-se com o recebimento da ordem de execução, se o trabalho puder ser imediatamente iniciado ou no momento em que ordem de execução fixar, atendendo nomeadamente à necessidade de mobilização de meios ou aprovisionamentos.

Quando a ordem de execução tiver de constar de um contrato adicional, dependendo isso da natureza da entidade adjudicante, ou a outorga do contrato adicional é prévio ao início da execução do trabalho complementar, ou não o sendo – o habitual – para não criar mais entropias no plano de trabalhos, deve o dono da obra outorgar o contrato adicional em prazo que permita, que uma vez medidas as quantidades do trabalho complementar que irão ser executadas, o empreiteiro possa proceder à sua facturação e ser pago. Deve igualmente publicitar essa modificação do contrato no portal dos contratos públicos, no prazo fixado no artigo 315.º, como condição de eficácia do pagamento.

48 – A execução de trabalhos complementares confere o direito a prorrogação de prazo?

O artigo 374.º do CCP assim o determina, salvo se estiverem em causa trabalhos complementares que não prejudiquem o normal desenvolvimento do plano de trabalhos. Portanto, o que a lei efectivamente determina, é que a prorrogação de prazo tem de ser verificada caso a caso.

A primeira noção a ter em conta, é que a prorrogação de prazo a que a lei se refere, tanto pode dizer respeito ao prazo final da obra, a um prazo parcial, como a um prazo para executar uma espécie de trabalho ou actividade.

Há por isso que distinguir as várias situações em que a execução de um trabalho complementar tem ou não tem, repercussão no normal desenvolvimento do plano de trabalhos.

Importa reter que o plano de trabalhos a considerar no momento em que a ordem de execução do trabalho complementar for recebida pelo empreiteiro (o que só se pode ser efectuado por escrito) é o plano de trabalhos ajustado na consignação ou o plano de trabalhos posteriormente modificado, em função de prorrogações já aprovadas pelo dono da obra.

Em primeiro lugar cumpre determinar, se o trabalho complementar é ou não, um trabalho inserido no caminho crítico da empreitada e encontrando-se a sua execução no caminho crítico, saber então, se é um trabalho da mesma espécie a executar em iguais condições; da mesma espécie, mas a executar em diferentes condições ou de espécie diferente.

Quando a ordem de execução em actividade do caminho crítico, se referir a um trabalho complementar da mesma espécie dos previstos no contrato, confere direito à prorrogação do prazo final de execução da obra, sendo medida a prorrogação proporcionalmente à quantidade contratada e à que vier a ser executada.

Como exemplo, se o revestimento de paredes tiver sido projectado com um mural em mármore até dois metros de altura e em fase de execução da obra se pretender que seja aumentado para uma altura de três metros e, repete-se tal actividade se encontrar no caminho crítico da empreitada, terá de se conceder prorrogação do prazo final em função desta alteração de quantidade.

A necessidade de prorrogação pode não ser considerada, apenas na circunstância de se verificar cumulativamente um conjunto de circunstâncias: a) existir um trabalho a menos nessa mesma actividade do caminho crítico; b) o rendimento se assemelhar ao que agora é estimado para a execução do trabalho complementar; c) a ordem de execução ser emitida com antecedência suficiente para o aprovisionamento de materiais ou equipamentos necessários de modo a instalá-los no momento previsto no plano de trabalhos para o material ou equipamento que substituem.

Utilizando o mesmo exemplo, agora já não se tratará de aumentar a dimensão do revestimento projectado, mas sim substituir o revestimento em mármore por revestimento cerâmico, para o qual também existe preço contratual, embora a sua instalação estivesse prevista para outra zona da obra. Nesta situação estaremos perante um trabalho complementar, que apesar de se encontrar no caminho crítico da empreitada, não confere direito a prorrogação do prazo final, salvo se o rendimento previsto no plano de trabalhos para a instalação deste material for mais alongado que para o revestimento que substitui.

No que se refere a qualquer dos exemplos anteriores, a consideração que serão executados em condições iguais, depende da verificação da possibilidade de executar o trabalho complementar no momento em que esse trabalho deveria ser executado, conforme o plano de trabalhos em vigor à data da ordem de execução.

Claro que se a ordem de execução do aumento de quantidade do revestimento em mármore for dada após a execução do trabalho com a dimensão prevista no projecto, isso implicará, que além da prorrogação de prazo decorrente do aumento de quantidade, terá de se considerar um prazo adicional para a remobilização dos meios humanos e de equipamento para a execução. Neste caso, já não estaremos perante um trabalho previsto no contrato e executado nas mesmas condições, mas sim executado em condições diferentes. Em consequência, também o preço já não terá necessariamente de se conformar com o preço contratual.

Nestas situações anteriormente descritas, não estamos a considerar de um modo "purista" que o mero aumento de quantidade do revestimento de mármore numa determinada parte da obra ou a sua substituição por outro revestimento também previsto no contrato, mas para diferente zona da mesma obra, constitua uma alteração suficientemente relevante para ser tida como alteração relevante ao projecto.

Alteração de projecto

Mas tudo se passará de modo diverso, se ocorrer alteração ao projecto em actividade do caminho crítico da empreitada. durante a fase de execução.

Seja qual for a causa da alteração ao projecto, muito dificilmente não implicará prorrogação do prazo final. A única possibilidade de suceder a possibilidade de cumprimento do prazo final, depende sobretudo da antecedência com que tal alteração seja comunicada ao empreiteiro, para este propor preço e prazo de execução. Importará sempre verificar se a alteração ao projecto implica a execução de maior quantidade de trabalho no caminho crítico, caso em que não se vislumbra como não haja lugar a prorrogação do prazo final.

Se da alteração ao projecto resultar a execução de menor quantidade de trabalho na actividade do caminho crítico com que interfere, poderá em termos abstractos ser enquadrada no prazo do plano de trabalhos para a execução da actividade alterada e só nessas circunstâncias se vislumbra a possibilidade de cumprir, ainda assim, o prazo contratual. Mas esta possibilidade é meramente teórica, pois quase nunca ocorre, nomeadamente por todas as contingências que implica uma alteração de projecto na fase de execução.

Vejamos agora a prorrogação de prazo por execução de trabalhos complementares em actividades que se encontram fora do caminho crítico da empreitada.

Neste caso haverá de se proceder a uma análise da natureza e condições de execução de cada trabalho, do mesmo modo que já se descreveu atrás, mas agora, para trabalhos complementares em actividades que se encontram fora do caminho crítico da empreitada.

A principal diferença na execução de trabalhos complementares em actividades que se encontram fora do caminho crítico da empreitada, é o facto destes não afectarem o prazo final da obra – salvo em certas circunstâncias que já veremos – mas apenas o prazo de execução do próprio trabalho complementar ou da actividade em que este se insere.

E a razão é simples: não se encontrando no caminho crítico da empreitada, não são antecedentes, nem têm ligação, com outros trabalhos cujo início dependa da conclusão dos anteriores e, portanto, deles dependentes.

Assim sendo, a execução de trabalhos complementares em actividades que se encontram fora do caminho crítico da empreitada, confere o direito à prorrogação de prazo das actividades em que se inserem, cujos períodos de execução no plano de trabalhos devem ser modificados.

Pode, no entanto, suceder, que a actividade em que se insere o trabalho complementar, se encontre de tal modo encostada ao final do prazo da empreitada, que apesar da sua natureza não crítica, obrigue ainda assim, à prorrogação do prazo final.

ANOTAÇÕES

1 – **Rafael Ribeiro**, Prorrogações na execução do contrato de empreitada de obra pública, Revista de Direito Administrativo Especial N.º 3

49 - O empreiteiro tem obrigação de executar trabalhos complementares?

Se os trabalhos complementares ordenados, forem de espécie prevista no mapa de quantidades do projecto de execução, não sejam a executar em condições diferentes das que constam do plano de trabalhos da proposta adjudicada e do seu ajustamento e tenham sido cumpridos os procedimentos do artigo 373.º, o empreiteiro tem a obrigação de executar os trabalhos complementares.

O empreiteiro não está sujeito a esta obrigação se optar por exercer o direito de resolução do contrato ou quando, sendo os trabalhos complementares de espécie diferente dos previstos no contrato ou da mesma espécie de outros nele previstos, mas a executar em condições diferentes, o empreiteiro não disponha dos meios humanos ou técnicos indispensáveis à sua execução, tudo isto de acordo com o que dispõe o artigo 372.º do CCP.

Acontece que esta recusa tem grandes limitações e pode operar apenas nas condições previstas no artigo 372.º.

Se a recusa de execução de trabalhos de espécie diferente dos previstos no contrato, pode ser demonstrada com alguma facilidade pelo empreiteiro, nomeadamente a falta de capacidade técnica, equipamento ou de recursos humanos com a qualificação adequada, já a recusa de execução de espécie prevista no mapa de quantidades do projecto de execução, só porque o serão em diferentes condições terá de ser objecto de justificação muito fundamentada. Se as condições diferentes se limitarem à remobilização de equipamento, mão de obra e maior custo dos materiais face ao preço da proposta para essa espécie, isso pode ser objecto de apresentação de preço diferente, ao invés da recusa de execução.

Onde se inicia o verdadeiro problema, é na fixação deste novo preço. Se o dono de obra entender que se continua a aplicar o preço contratual da proposta, o empreiteiro terá de iniciar os trabalhos por esse preço, apenas podendo obter o pagamento do preço que propôs ou pelo menos de preço maior que o considerado pelo dono da obra, através de processo judicial. Sendo a instância judicial a jurisdição administrativa, não obterá sentença transitada em julgado em menos de uma década.

A inexistência na lei de instâncias periciais ou arbitrais intermédias, para dirimir com rapidez este tipo de conflitos, digamos "menores", durante a execução de um contrato, mas importantes para quem contrata é uma lacuna – só pode ser propositada – do legislador, que acentua o desequilíbrio contratual de qualquer empreitada de obra pública.

50 – Pode ordenar-se a execução de trabalhos complementares desacompanhados dos elementos de solução de obra?

Esta possibilidade nunca teve respaldo legal, embora fosse uma prática corrente derivada de pouca coordenação entre os donos de obra e os projectistas.

De facto, o artigo 373.º até à redação da Lei 30/2021 era omisso quanto à necessidade da entrega dos elementos de solução de obra, quando era solicitado preço e prazo para a execução de trabalhos complementares, sendo certo que o artigo 371.º n.º 1, sempre previu a necessidade de entrega dos elementos de projecto.

A evidência da necessidade de possuir os elementos de solução de obra, decorria do facto de ser inviável propor preço e prazo para a execução nomeadamente de trabalhos de espécie diferente, sem o conhecimento dos elementos de projecto associados ao pedido. Além de que o próprio artigo 375.º impõe que os trabalhos complementares sejam formalizados por escrito, após definição de todos os termos e condições, entre os quais se contam os elementos de projecto ou de solução de obra. A tudo isto ainda acresce o disposto no artigo 297.º alínea b) que o cocontratante pode suspender a execução dos trabalhos designadamente por mora do contraente público na entrega ou na disponibilização de meios ou bens necessários à respectiva execução.

Ainda assim, para que dúvidas não subsistam sobre a impossibilidade de se ordenar a execução de trabalhos complementares desacompanhados dos elementos de solução de obra, a Lei 30/2021 alterou o n.º 2 do artigo 373.º, dispondo agora sem margem para dúvida, que o pedido de apresentação de preço e prazo deve ser acompanhado dos elementos de projecto necessários à sua completa definição e execução.

51 – O empreiteiro pode recusar a execução de trabalhos complementares?

A regra é a obrigação de executar os trabalhos complementares, desde que: a) sejam ordenados por escrito; b) sejam entregues com a ordem escrita as alterações aos elementos da solução de obra necessários à sua execução quando os mesmos tivessem integrado o projecto patenteado.

A ordem de execução escrita tem de conter o preço e o prazo dos trabalhos complementares. Esta é, por conseguinte, a regra geral, que consta do artigo 371.º do CCP.

Para a execução de trabalhos complementares de espécie prevista no contrato e a executar em condições iguais, não há qualquer possibilidade de recusa prevista na lei.

Quais são as excepções a esta regra? Em primeiro lugar o empreiteiro pode exercer o direito à resolução do contrato, verificadas os pressupostos da alínea c) do artigo 406.º, mas como tal direito tem de ser reconhecido judicialmente, esta opção é meramente retórica e não justifica sequer considera-la.

O que na realidade o empreiteiro pode, é recusar-se à execução deste tipo de trabalhos se: a) forem trabalhos de espécie diferente dos previstos no contrato; b) sendo trabalhos da mesma espécie dos previstos no contrato, venham a ser executados em condições diferentes.

A recusa à execução nestes casos, só pode ter como fundamento, o empreiteiro não dispor dos meios humanos e técnicos indispensáveis para a sua execução.

Se o empreiteiro entende que não possuiu esses meios humanos e técnicos indispensáveis para a execução dos trabalhos que se são ordenados, terá de apresentar em 10 dias a respectiva reclamação devidamente fundamentada.

No que respeita ao fundamento para a recusa de execução trabalhos complementares de espécie diferente dos previstos no contrato, cumpre antes do mais esclarecer a que "meios humanos e técnicos" a lei se refere. Se aos "meios", que constam da listagem de equipamento e mão de obra anexos à proposta adjudicada ou a quaisquer outros meios não inseridos nessas listas, mas que seja do conhecimento do dono da obra, nomeadamente através dos títulos e alvarás, que o empreiteiro de facto os possui.

Não se pode considerar esta dúvida de resposta consensual. Na nossa opinião os "meios", que constam da listagem de equipamento e mão de obra anexos à proposta adjudicada, são aqueles que o empreiteiro é obrigado a utilizar, se forem suficientes para a execução de trabalhos de espécie diferente dos previstos no contrato. Mas opinião contrária, também é possível. Se o dono da obra estiver disposto a conceder prazo suficiente e aceitar preço suficientemente compensador para a contratação desse pessoal e mobilização do equipamento, esta alternativa é possível, mas para o fundamentar, terá o dono de obra de demonstrar que o recurso a outro empreiteiro colide com a permutabilidade e interoperabilidade com equipamentos já existentes. Ainda assim, o recurso a um outro contratante seria sempre altamente inconveniente ou implicaria um aumento considerável de custos. Mantemos a nossa opinião que nestas circunstâncias o cocontratante não é obrigado contra a sua vontade, a executar trabalhos de espécie diferente dos previstos no contrato.

Quando o que está em causa são trabalhos da mesma espécie dos previstos no contrato, mas que venham a ser executados em condições diferentes, as possibilidades de fundamento para recusa por parte do cocontratante são mais reduzidas. De facto, aqui estamos perante uma alteração à temporalidade da execução dessas actividades, conforme estava previsto no plano de trabalhos. Nesta situação, o principal problema reconduz-se à remobilização de meios. Se esta circunstância, sempre mais onerosa para o dono da obra, for levada em conta no preço e no prazo, a recusa de execução afigura-se insensata.

Seja como for, o facto é que tudo isto está na discricionariedade do dono da obra e quem contrata numa obra pública, tem de ter isso bem presente antes de concorrer.

Assim, recebida a comunicação do empreiteiro, seja de recusa, seja de aceitação, mas com preços e prazos que o dono de obra não aceite, o dono da obra decide como entender e o empreiteiro terá de o cumprir, sob pena de aplicação de sanções contratuais, tudo conforme estabelecido no n.º 2 e seguintes do artigo 372.º.

O empreiteiro pode fazer valer a sua razão em tribunal, aguardando alguns anos por essa decisão e entretanto, executou os trabalhos complementares nas condições fixadas pelo dono da obra.

52 – Qual a noção de trabalhos a menos?

Trabalhos a menos no âmbito de uma empreitada de obra publica, são os trabalhos previstos no contrato, que o dono da obra decide que o empreiteiro não deve executar, fazendo-o através de uma ordem com esse conteúdo, especificando quais são esses trabalhos. É o que dispõe o artigo 379.º.

Uma vez que, ao invés do que acontecia com a legislação de 1999, o CCP não prevê o pagamento de qualquer *saldo* ao empreiteiro, se das medições resultar uma menor quantidade de trabalho executado em obra desenhada sob o regime de preço global, importa esclarecer a diferença entre "quantidades a menos ou a mais" em qualquer trabalho e "trabalhos suprimidos da empreitada" por decisão do dono da obra.

Assim, as quantidades a mais ou a menos em qualquer actividade - que não tenha sofrido qualquer alteração de projecto face ao patenteado - tratam-se de erros ou omissões das quantidades ou seja da "**espécie** ou **quantidade** de prestações estritamente necessárias à integral execução do objeto do contrato a celebrar" conforme alínea b) do n.º 2 do artigo 50.º.

Deste modo, cumpre aos interessados identificar esses erros ou omissões na fase pré-contratual, de modo a que o mapa de quantidades fosse corrigido nessa fase, evitando que se tivessem de executar quantidades a mais ou a menos.

Se nenhum interessado o tiver identificado nessa fase, as quantidades a pagar ao empreiteiro durante a execução do contrato, serão as quantidades medidas, conforme artigos 387.º e seguintes. As quantidades a menos não serão objecto de pagamento, porque não foram executadas.

Por conseguinte, "quantidades a menos" não são "trabalhos a menos", salvo quando a sua não execução resulte de ordem expressa do dono da obra.

Diferente é a situação, em que existe uma ordem do dono da obra para executar uma quantidade a menos que a prevista no projecto para determinada espécie de trabalho ou a supressão de uma actividade ou espécie de trabalho.

Neste caso, todas estas quantidades suprimidas com o respectivo valor e todas as espécies de trabalhos também com respectivo valor, serão contabilizadas para o efeito de eventual indemnização ao empreiteiro, se atingirem um determinado limite, que o CCP fixa.

As condições e valor da indemnização está regulada no artigo 381.º que estabelece "quando por virtude de ordem de supressão de trabalhos ou de outros atos ou factos imputáveis ao dono da obra, os trabalhos executados pelo empreiteiro tenham um valor inferior em mais de 20% ao preço contratual inicial, este tem direito a uma indemnização correspondente a 10% do valor da diferença verificada", sendo a indemnização liquidada na conta final da empreitada.

Importa referir que as percentagens referidas se reportam ao preço contratual inicial (desde 2021), não relevando a ordem de execução de trabalhos complementares que compensem os trabalhos suprimidos.

Como resulta do preceito, a meta dos 20% constitui um elemento necessário à existência do direito à indemnização, mas não à sua medida. Isto é, verificado que seja aquele valor correspondente a 20% do preço contratual inicial, a percentagem de 10% aplica-se a todo o valor da diferença e não apenas ao que exceder o correspondente àquela percentagem de 20%.

ANOTAÇÕES

1 – **Jorge Andrade Silva**, Os trabalhos previstos no contrato de empreitada de obras públicas e não realizados pelo empreiteiro, Revista de Direito Administrativo, Especial N.º 3.

2 – **Jorge Andrade Silva**, Código dos Contratos Públicos Anotado, 9.ª edição Nota 2 ao artigo 381.º.

3 – **Miguel Catela**, considera que "*O valor do preço contratual não serve, em nenhuma circunstância, como limiar para a identificação de qualquer saldo a favor do empreiteiro, sendo que, com a apresentação da sua proposta, o adjudicatário renuncia irrevogavelmente a reclamar do dono da obra qualquer valor se os trabalhos que se vierem a medir, durante toda a execução do contrato, vierem a ser de valor acumulado inferior ao aludido preço contratual, com excepção do respeito pelo disposto no artigo 381 do Código dos Contratos Públicos*", citado por Jorge Andrade Silva, Código dos contratos Públicos Anotado, 9.ª edição, pág. 1029.

4 – **Licínio Lopes Martins,** O contrato de empreitada por preço global no Código dos Contratos Públicos, Revista De Direito Público e Regulação n.º 5 2010, CEDIPRE, citado por Jorge Andrade Silva, Código dos contratos Públicos Anotado, 9.ª edição, pág. 1030.

V
Recepção e Garantia

53 – Em que condições se pode requerer a recepção provisória?

A empreitada só pode considerar-se concluída, quando tenham sido executados todos os trabalhos previstos no contrato e nos respectivos adicionais, se os houver.

A vistoria precedente da recepção provisória da obra, pode ser solicitada, quer pelo empreiteiro, quer pelo dono da obra, no pressuposto que a obra esteja concluída no todo ou em parte, consoante o que sobre isso esteja previsto no caderno de encargos.

Quando a vistoria é da iniciativa do dono da obra este deve convocar o empreiteiro por escrito, com a antecedência prevista no caderno de encargos ou na falta dessa previsão com a antecedência de cinco dias de calendário. Caso a vistoria seja solicitada pelo empreiteiro, este deve fazê-lo por escrito junto do dono da obra, com a antecedência de 30 dias de calendário, se outro prazo não estiver previsto no caderno de encargos.

A falta injustificada pelo empreiteiro à vistoria convocada regularmente pelo dono da obra, permite que este realize a vistoria e dela lavre auto com a intervenção de duas testemunhas.

Por seu turno a não realização de vistoria convocada regularmente pelo empreiteiro ou nem sequer o seu agendamento sem motivo justificado por parte do dono da obra, passados que sejam outros 30 dias sobre o inicial prazo de 30 dias, conduz a que a obra seja considerada tacitamente recebida. É o que resulta do disposto quanto a vistoria, no artigo 394.º.

Cumpre referir que a responsabilidade pela elaboração das Telas Finais é normalmente do empreiteiro. Este pode incumbir os seus subcontratados, de elaborarem as Telas Finais dos Projectos de Especialidade, devendo essa obrigação constar do Subcontrato. A entrega das

Telas Finais deve ser uma das condições da Recepção Provisória e da libertação parcial de cauções ou garantias.

ANOTAÇÔES

1 – Pedro Melo, Receção Provisória, Garantias e Receção Definitiva da obra, Revista de Direito Administrativo, Número Especial 3.

54 – Que defeitos impedem ou não impedem, a recepção provisória?

Conforme o que resultar do acto de vistoria podem apresentar-se várias ocorrências quanto a defeitos ou trabalhos incompletos, das quais resultam situações diversas. Assim:

Primeira situação: Os trabalhos incompletos ou com defeitos, impedem a recepção, sequer parcial, da obra. Nesta factualidade deve ser lavrado auto de não recepção e conferido um prazo ao empreiteiro para os corrigir ou completar, notificando-se o empreiteiro desde logo ou durante o prazo para correção, para uma nova vistoria.

Segunda situação: Os trabalhos incompletos ou com defeitos, não impedem a recepção parcial da obra. Nesta situação, deve ser lavrado auto de recepção provisória parcial e conferido um prazo ao empreiteiro para corrigir ou completar os defeitos ou insuficiência dos trabalhos não abrangidos na recepção parcial. De igual modo pode notificar-se o empreiteiro desde logo ou durante o prazo para correção, para uma nova vistoria que terá por objecto a verificação da parte dos trabalhos não recebidos.

Terceira situação: A obra está completa – não há trabalhos em falta ou incompletos- mas alguns dos trabalhos possuem defeitos que terão de ser corrigidos, acontecendo que a natureza desses defeitos não impede a recepção provisória total, sem prejuízo de terem de ser corrigidos, mas neste caso dentro das obrigações de garantia. Pode lavrar-se o auto de recepção provisória total, ficando o empreiteiro notificado da obrigação de reparar os defeitos em prazo que se fixará.

Em qualquer das situações, se a correção dos defeitos ordenada não for executada no prazo fixado, o dono da obra pode optar pela execução dos referidos trabalhos, directamente ou por intermédio de terceiro, sendo aplicável com as necessárias adaptações o disposto nos números 2 a 4 do artigo 325.°.

O regime da recepção provisória e definitiva estão fixados nos artigos 394.°, 395.° e 398.°. As obrigações de garantia no artigo 397.° e a cadência de liberação das cauções prestadas no artigo 295.°.

ANOTAÇÕES

1 - Pedro Romano Martinez, Direito das Obrigações, Vol. II vg cumprimento defeituoso, pág. 129 e segs.

55 - Quando ocorre a recepção provisória tácita?

A recepção provisória tácita ocorre, quando a obra seja afeta pelo dono da obra aos fins a que se destina, sem prejuízo da obrigação de garantia e das sanções a que haja lugar nos termos da legislação aplicável, designadamente quando o empreiteiro não executou corretamente o plano de prevenção e gestão de resíduos de construção. É o que dispõe o n.° 8 do artigo 395.° do CCP.

Esta disposição tem como objectivo proteger o empreiteiro, face a um comportamento relapso do dono da obra, na realização de vistoria e assinatura do auto de recepção provisória.

De facto, se a obra é colocada a uso é porque cumpre os fins a que se destinou e ainda que tenha defeitos a corrigir ou acabamentos a completar, esses factos não impedem a sua recepção, pois doutro modo não a colocava a uso. Independentemente dos defeitos a corrigir no âmbito da garantia, a data da colocação em uso é a data em que se inicia o período de garantia da obra, salvo quanto aos trabalhos incompletos ou com defeito, pois quanto a estes, o período de garantia só se inicia quando forem corrigidos ou acabados.

Quando toda a obra é colocada em uso nestas condições, não oferece dúvida o que a lei dispõe.

Menos simples se afigura a análise da situação, quando o dono da obra coloca a uso partes da obra, enquanto as restantes ainda se encontram em execução.

A lei não refere a existência de recepções provisórias parciais tácitas. Em todo o caso, se o próprio contrato prevê fases e prazos parciais e se o dono da obra for colocando a uso os trabalhos dessas fases parciais, sem proceder à vistoria e ao respectivo auto de recepção, é legitimo entender que tais situações estão igualmente cobertas pelo disposto no n.º 8 do artigo 395.º do CCP.

O que se afigura certo, seja quanto à colocação em uso de partes ou da totalidade da obra – pois doutro modo seria contraditório – é o dono a obra coloca-la em uso e em simultâneo considerar que não se encontra em condições de ser recebida provisoriamente. Por isso, ou escolhe uma via ou escolhe outra.

56 – O que são elementos construtivos estruturais, não estruturais e instalações técnicas e equipamentos afectos à obra, mas dela autonomizáveis?

O artigo 397.º do CCP, fixa os prazos de garantia da obra, no decurso dos quais consoante o tipo de elemento construtivo ou equipamento, o empreiteiro fica obrigado a corrigir todos os defeitos da obra.

Os prazos, contados da recepção provisória são de 10 anos para elementos construtivos estruturais; de 5 anos para elementos construtivos não estruturais e instalações técnicas e de 3 anos equipamentos afectos à obra, mas dela autonomizáveis. Este último prazo de 3 anos resulta da alteração ao CCP operada pelo Decreto-Lei 78/2022 de 7 de Novembro e aplica-se aos procedimentos de formação de contratos públicos que se iniciem a partir de 2 de Dezembro de 2022. Para os contratos anteriores, mantém-se o prazo de 2 anos.

O que são elementos construtivos estruturais, não estruturais e instalações técnicas e equipamentos afectos à obra, mas dela autonomizáveis, foi objecto de muitas dúvidas interpretativas e para as esclarecer foi publicado o Despacho normativo 9/2014 de 31 de Julho do Ministério da Economia, o qual define em anexo a aplicação dos conceitos aos diferentes tipos de obra.

O próprio preambulo do Despacho define os conceitos, mas para cada caso concreto terá de se proceder à consulta da tabela anexa ao Despacho.

VI

Vária

57 - Quais são os actos referentes à obra que devem ser formalizados em auto?

Os actos referentes à obra que devem ser formalizados em Auto, estão descritos no CCP em várias das suas disposições.

Assim, terão de ser lavrados em auto os seguintes actos:

Consignação: A consignação é formalizada em auto e, em caso de consignações parciais, a cada uma deve corresponder um auto autónomo (artigo 359.º n.º 1)

A lei não o refere expressamente, mas no nosso entendimento, deve também ser lavrado em auto, neste caso de não-consignação, na situação em que por via do n.º 1 do artigo 360.º - modificações no local que obrigam a projecto de alterações - não pode ser cumprido o prazo fixado para a consignação no n.º 1 do artigo 359.º.

Suspensão dos trabalhos: A suspensão é sempre formalizada em auto, cujo conteúdo deve compreender, no mínimo os pressupostos que a determinaram e os termos gerais do procedimento a seguir subsequentemente, se possível determiná-los, assim como quaisquer reclamações apresentadas ou reservas apresentadas por qualquer das partes, desde que diretamente relacionadas com a suspensão (artigo 369.º)

O levantamento da suspensão, deverá ter a mesma forma, ou seja ser formalizada em auto, de modo a não subsistirem dúvidas quanto ao período temporal da suspensão.

Medição: O dono da obra deve proceder à medição de todos os trabalhos executados, incluindo os trabalhos não previstos no projeto ou não devidamente ordenados pelo dono da obra. As medições são feitas no local da obra com a colaboração do empreiteiro e são formalizadas em auto (artigo 387.º e artigo 388.º n.º 2)

Vistoria: A receção provisória depende da realização de vistoria, sendo que da vistoria deve ser lavrado um auto. (artigo 395.º n.º 1)

Recepção Provisória: Na sequência da vistoria, se a obra estiver em condições de ser recebida procede-se à assinatura do auto de recepção provisória (artigo 395.º n.º 3). O auto de vistoria e o auto de recepção provisória podem constar do mesmo documento nesse caso denominado "auto de vistoria e de receção provisória" ou em documentos diferentes, assinados na mesma data ou em datas diferentes. No caso do auto ser assinado em data posterior ao da vistoria que concluiu que a obra está em condições de ser recebida (sem prejuízo da obrigação da correção de defeitos, que no entanto não impedem a sua utilização) a data a considerar para efeitos de prazo final de execução e início da contagem dos prazos de garantia será a data do auto de vistoria.

Não receção da obra: Se em resultado do que constar do auto de vistoria, for considerado que a obra não está em condições de ser recebida, será lavrado auto de não receção da obra, sendo conferido nesse auto um prazo ao empreiteiro para corrigir os defeitos ou completar trabalhos inacabados (artigo 396.º n.º 1)

Receção Definitiva: Tem lugar no final do período de garantia da totalidade ou de cada uma das partes da obra e os procedimentos são os mesmos fixados para a vistoria com vista à receção provisória (artigo 398.º n.º 1 e 6)

ANOTAÇÕES

1 – Diogo Macedo Graça, Empreitadas de obras Públicas: a importância da formalização em auto, Revista de Direito Administrativo N.º 3

58 – Em que normas do CCP estão consideradas aprovações tácitas pelo dono da obra?

A primeira situação refere-se às reservas ou reclamações, quanto ao conteúdo dos actos referentes à obra que devam ser formalizadas em auto. Conforme dispõe o n.º 5 do artigo 345.º "o dono da obra decide da reclamação ou pronuncia-se sobre as reservas apresentadas e notifica o empreiteiro no prazo de 15 dias a contar da assinatura do auto ou da entrega da reclamação ou da exposição escrita referida no número anterior, equivalendo o silêncio a deferimento da reclamação ou aceitação da reserva."

A segunda situação ocorre com o recebimento do plano de trabalhos ajustado pelo empreiteiro, ao plano final de consignação apresentado pelo dono da obra. Dispõe o n.º 5 do artigo 361.º que "o plano de trabalhos ajustado carece de aprovação pelo dono da obra, no prazo de cinco dias após notificação do mesmo pelo empreiteiro, equivalendo o silêncio a aceitação".

A terceira situação respeita à aprovação do preço e prazo para a execução de trabalhos complementares de espécie diferente ou da mesma espécie, mas a executar em condições diferentes. Apresentado o preço e prazo pelo empreiteiro, o dono de obra pode, em caso de não aceitação, apresentar uma contraproposta no prazo de 15 dias. O n.º 4 do artigo 373.º dispõe que se o dono da obra não efectuar nenhuma comunicação ao empreiteiro dentro do referido prazo de 15 dias, considera-se que a proposta foi aceite.

A quarta situação verifica-se na vistoria para recepção provisória. Assim, quando a vistoria for solicitada pelo empreiteiro, o dono da obra deve realizá-la no prazo de 30 dias contados da data da recção da referida solicitação, convocando o empreiteiro com a antecedência mínima de cinco dias. Dispõe o n.º 7 do artigo 394.º que a obra se considera tacitamente recebida, se o dono da obra não agendar ou não proceder à vistoria no prazo de 30 dias a contar do termo do prazo previsto no n.º 5 do mesmo artigo.

A quinta situação é temporária – vigora até 30 de Junho de 2023- e refere-se ao silêncio do dono da obra perante um pedido de revisão extraordinária de preços ao abrigo do Decreto- Lei 36/2022 de 20 de Maio e também ao pedido de prorrogação de prazo de execução, por impossibilidade de obtenção de materiais indispensáveis para a execução da obra previsto no artigo 4.º deste Decreto-Lei.

O silêncio sobre os pedidos em 20 dias de calendário, implicam a aceitação tácita dos mesmos.

59 – Como aplicar a lei no tempo?

Responsabilidade por erros e omissões

A Lei 30/ 2021 contém uma norma de aplicação da lei no tempo, mais propriamente no artigo 27.º, que tem dado origem a dúvidas e interpretações diversas.

Assim, as alterações à Parte III do Código relativas a modificação de contratos e respectivas consequências aplicam-se a contratos que venham a resultar dos procedimentos de formação que se iniciem após a sua entrada em vigor, ou seja após 21 Junho de 2021, (alínea a do n.º 2) mas também a contratos que se encontrem em execução à data da sua entrada em vigor, desde que o fundamento da modificação decorra de facto ocorrido após essa data, ou seja 21 Junho de 2021.

Se o que consta da alínea a) é transparente, já o modo de considerar os factos a que se refere a alínea b) tem suscitado e legitimamente, muitas dúvidas.

Uma das primeiras interpretações postas em prática, foi aplicar a nova redação do n.º 4 do artigo 378.º operada pela Lei 30/2021 a contratos em execução, que foram decididos contratar na vigência da redação do artigo 378.º do Decreto-lei 111-B/2017. Ora, esta interpretação é ilegal.

Para procedimentos que se tenham iniciado antes de 21 de Junho de 2021, a redação do n.º 3 do artigo 378.º na redação do Decreto-lei 111-B/2017 (equivale agora ao n.º 4 na redação da Lei 30/2021) foi aquela que foi apresentada aos concorrentes como a disposição que regularia o contrato. E foi com base nessa disposição e com essa redação, que os concorrentes identificaram os erros e omissões no âmbito das obrigações do artigo 50.º, sabendo que os erros e omissões que não tivessem identificado nessa fase, qualquer que viesse a ser o adjudicatário, o poderia fazer nos 60 dias, mesmo que fossem identificáveis na fase pré contratual. O facto de já durante o decurso desse procedimento, ter sido publicada a Lei 30/2021, cuja nova redação do artigo 378.º restringiu essa identificação nos 60 dias posteriores à consignação, apenas aos erros só identificáveis nesse período e não aos que poderiam ter sido identificados na fase pré-contratual, não é aplicável a esse procedimento, mantendo-se o direito do adjudicatário constante da redação do artigo 378.º , para a qual remetia o caderno de encargos que lhe foi apresentado. Qualquer interpretação da lei no tempo noutro sentido, violaria tantas garantias administrativas e constitucionais, que nem justifica enumerar. Basta reter a do princípio da confiança e da estabilidade das peças do procedimento. É tão evidente, que uma actuação de modo contrário, será indubitavelmente anulada por qualquer tribunal. Portanto quanto a este ponto é bom que não subsistam dúvidas. Assim:

Para procedimentos **cuja decisão de contratar é anterior a 21 de Junho de 2021**, aplica-se a redacção dos artigos 50.º e 378.º do CCP, com a redacção do Decreto-lei 111-B/2017, isto é o adjudicatário mantém o direito a identificar no prazo de 60 dias contados da consignação, os erros e omissões do projecto, mesmo que tais erros e omissões pudessem ser detectados na fase de concurso.

Para procedimentos **cuja decisão de contratar é posterior a 21 de Junho de 2021 (inclusive),** aplica-se a redacção dos artigos 50.º e 378.º do CCP, com a redacção da Lei 30/2021, isto é o adjudicatário tem de identificar erros e omissões que possam ser detectados na fase de concurso e no prazo de 60 dias contados da consignação, **apenas** os erros e omissões do projecto, que não pudessem ser identificados naquela fase e que só possam ser identificados, já na posse da obra e no período de 60 dias. A responsabilidade por não cumprir isto, é de 50% do custo do suprimento.

No caso de erros e omissões apenas detetáveis na fase de execução, portanto fora do que seja detectável apenas nos 60 dias pós- consignação, têm de ser identificados nos 30 dias posteriores ao seu conhecimento. Isto é igual para o caso dos procedimentos ao abrigo da redacção do Decreto-lei 111-B/2017 ou da Lei 30/2021. A responsabilidade por não cumprir é também de 50% do custo do suprimento.

Ordem de execução de trabalhos complementares

Bem diverso e esse sim, susceptível de levantar dúvidas legítimas, é determinar o que se deve entender por " **factos ocorridos após 21 de Junho de 2021"** em contratos em execução, decididos contratar com a redação do artigo 370.º do Decreto-Lei 111-B/2017, para efeitos de determinar se a ordem de execução de trabalhos complementares segue ainda a disciplina do artigo 370.º com a dita redação do Decreto-Lei 111-B/2017 ou a redação do mesmo artigo, mas agora com a redação da Lei 30/2021, que é bem diferente da anterior.

Para determinar isso, é fundamental um entendimento do que são "factos ocorridos após 21 de Junho de 2021" e nesta matéria – ao invés da situação referida antes quanto ao artigo 378.º, que é evidente – são legitimas diferentes opções interpretativas.

Assim, "factos **ocorridos** após 21 de Junho de 2021" é o mesmo que "factos **identificados** após 21 de Junho de 2021, mas ocorridos antes dessa data"?

Concretizemos com dois exemplos: Se na fase de execução de uma obra decidida contratar quando estava em vigor a redação do artigo 370.º no Decreto-Lei 111-B/2017, surgir um achado arqueológico, que obriga a construir uma passagem superior numa estrada, com consequente alteração do projecto, o trabalho complementar vai ser ordenado de acordo com a redação actual do artigo 370.º. Não resta dúvida quanto a isso.

Mas, num segundo exemplo, se na mesma obra em curso, foi necessitário alterar a dimensão de um pilar, por via de um erro do cálculo estrutural feito em projecto, ainda estamos perante um "facto **ocorrido** após 21 de Junho de 2021" ou perante um "facto **identificado** após 21 de Junho de 2021", uma vez que o facto – erro de projecto – na verdade ocorreu em 2019, quando foi elaborado pelo projectista? O trabalho complementar daqui resultante vai ser ordenado conforme a latitude da actual redação do artigo 370.º ou terá de respeitar as condições constantes do artigo 370.º com a redação Decreto-Lei 111-B/2017? Admite-se que o legislador não tenha equacionado esta dúvida, mas certamente as entidades fiscalizadoras, poderão legitimamente entender de um modo ou de outro. Assim, como recomendação, até a questão estar suficientemente esclarecida, sugere-se o seguinte procedimento quanto às ordens de execução de trabalhos complementares, em contratos adjudicados na vigência do Artigo 370.º. com a redação do Decreto-Lei 111-B/2017:

Quanto os trabalhos complementares **resultam de factos novos,** desconhecidos à data da elaboração do projecto ou de outras peças do caderno de encargos, serão ordenados de acordo e nos termos da redação do artigo 370.º da Lei 30/2021;

Se os trabalhos **não resultam de factos novos**, mas sim de problemas na elaboração do projecto, apenas **identificados durante a execução do contrato,** não estão abrangidos pela disposição sobre a aplicação da lei no tempo constante da alínea b) do n.º 2 do artigo 27.º da Lei 30/2021 e devem ser ordenados de acordo com a redação do artigo 370.º do Decreto-Lei 111-B/2017, não podendo exceder 10% do preço contratual se previsíveis mas não tiverem sido previstos ou 40% do preço contratual se forem considerados imprevisíveis.

60 – Quais os termos e condições para a revisão extraordinária de preços?

Como critério para tais pedidos de revisão serem considerados elegíveis nos termos do Decreto – Lei 36/2022 de 20 de Maio, necessário se torna que cumulativamente: um determinado material, tipo de mão de obra ou equipamento de apoio, represente ou venha a representar durante a execução do contrato, pelo menos, 3% do preço contratual e a taxa de variação homóloga do custo seja igual ou superior a 20%.

Para além destas condições de elegibilidade do pedido, é necessário que o pedido seja apresentado antes da recepção provisória e até 30 de Junho de 2023, conforme o que ocorrer primeiro.

O requerente deve apresentar o seu pedido de modo fundamentado, indicando a forma – por fórmula, por garantia de custos ou ambas – que entenda que melhor se adeque à empreitada em execução.

Uma vez recebido pelo dono da obra um pedido elegível e fundamentado, o dono da obra deve em 20 dias (de calendário) por comunicação escrita pronunciar-se devendo optar por: 1) Aceitar a forma de revisão que lhe foi apresentada; 2) Não aceitar e apresentar uma contraproposta; 3) Não aceitar, mas não apresentar contraproposta.

Se apresentar contraproposta, pode fazê-lo através de alteração parcial à formula ou à garantia de custos recebida; pode optar por manter a formula de revisão de preços fixada no contrato, majorando o seu coeficiente de actualização (Ct) por um factor de compensação de 1,1; pode incluir determinados materiais e mão de obra com revisão através do método de garantia de custos, aplicando aos restantes a fórmula resultante do contrato sem qualquer majoração.

O silêncio do dono da obra perante o pedido formulado pelo empreiteiro equivale à aceitação tácita dos termos do pedido recebido.

O Decreto-Lei 36/2022 de 20 de Maio é em certa medida um diploma de "emergência" e temporário, que tem como principal objectivo sossegar o mercado da contratação pública, evitando que obras em curso sejam suspensas e que obras novas fiquem desertas sem concorrentes interessados.

Inclui no seu conteúdo uma disposição, que apenas indirectamente tem a ver com revisão de preços, o artigo 4.º, que estipula que " quando se verifique atraso no cumprimento do plano de trabalhos, por impossibilidade de o empreiteiro obter materiais necessários para a execução da obra, por motivos que comprovadamente não lhe sejam imputáveis, o dono da obra pode aceitar, no prazo de 20 dias a contar da receção do pedido, sob pena de aceitação tácita, prorrogar o prazo de execução, pelo tempo estritamente necessário, sem qualquer penalização e sem qualquer pagamento adicional ao empreiteiro".

Se este pedido for aceite, " o empreiteiro submete à aprovação do dono da obra um novo plano de pagamentos reajustado, que serve de base ao cálculo da revisão de preços dos trabalhos por executar."

Trata-se por conseguinte, de modo temporário, de uma prorrogação graciosa do prazo de execução da obra ou pelo menos da actividade da obra em causa, que implica a modificação do plano de trabalhos e de pagamento. Derroga temporariamente, nestes casos, a norma constante do n.º 2 do artigo 13.º da Lei 6/2004, que não prevê a revisão de preços por prorrogação de prazo por causa imputável ao empreiteiro.

ANOTAÇÕES

Luis Verde de Sousa, A revisão extraordinária de preços e outras medidas constantes do Decreto-Lei n.º 36/2022 de 20 de Maio- a sua aplicação à empreitada de obras públicas, Revista de Direito Administrativo N.º Especial 3, Julho 2022